A1

Les dialectes indo-européens

*Avec une bibliographie mise à jour
par Xavier Delamarre*

Les Cent Chemins

AVANT-PROPOS
DE L'EDITEUR

Les *Dialectes indo-européens* sont un des ouvrages parmi les plus importants d'Antoine MEILLET. Il y expose sa doctrine sur des points difficiles, parfois controversés et sur lesquels, dans certains cas, il n'y a pas encore de consensus. Tout étudiant en grammaire comparée doit l'avoir lu.

Il retrace les apparentements au sein de la famille indo-européenne et les influences de contacts que les différentes branches ont exercé l'une sur l'autre à date ancienne : les archaïsmes et les innovations, les périodes intermédiaires de communauté et, à l'occasion, les évolutions parallèles suivies par des groupes distincts. On sait maintenant qu'à l'arbre généalogique vertical en deux dimension inauguré par August SCHLEICHER, il faut substituer, ou plutôt il faut compléter par des coupes horizontales, à *un temps donné*, dudit arbre : des rameaux initialement divergents ont pu s'influencer plus haut dans la ramure. Cela est particulièrement vrai du groupe balte et du groupe slave. La dialectologie qui s'occupe de phonétique, de morphologie et de vocabulaire est au cœur de la grammaire comparée puisqu'elle présente un panorama général des relations entre les langues d'une même famille, en montrant ce qui les rapproche et ce qui les distingue.

La première édition des *Dialectes* date de 1908 et la réimpression augmentée, de 1922. Le texte présenté ici a été entièrement recomposé dans sa dernière version. Celle-ci était la reproduction telle quelle de la première édition mais contenait un avant-propos de vingt pages de mise à jour avec des remarques complémentaires données chapitre par chapitre. On a, dans cette édition recomposée, inséré les compléments et remarques finales de l'« Avant-propos de la réimpression » à la fin de chaque chapitre concerné, pour faciliter le suivi de sa démonstration sur un sujet donné.

On a introduit les corrections données en fin de volume dans le corps du texte dont on a modernisé l'orthographe en utilisant celle maintenant couramment en usage : sanskrit *ś* pour *ç*, lituanien *ie, uo, š* et *ž* pour *ë, ů, sz* et *ż*, irlandais *á, é, í, ó, ú.* pour *ā, ē, ī, ō, ū,* germanique *χ* pour *x*, islandais *ð* pour *đ̄*, albanais *ë* et *th* pour *ε* et *θ*, vieux slave *ǫ* pour *ą*.

Une bibliographie complémentaire traitant de la dialectologie indo-européenne depuis 1922 a été rajoutée en annexe.

X. Delamarre

Les dialectes
indo-européens

Les Cent Chemins

Du même auteur, dans la même collection :

Les langues de l'Europe. Une histoire linguistique au XXe siècle. 2ème édition (1928). Collection « Érudition classique ». Volume 1. 352 pages. ISBN : 9-781974-616442. Prix : 19 €.

Caractères généraux des langues germaniques. 2ème édition (1930). Collection « Érudition classique ». Volume 2. 208 pages. ISBN : 9-781974-616756. Prix : 19 €.

© Éditions Les Cent Chemins, 2018
Collection « Érudition classique », volume 4

Première édition : 2018
Dépôt légal : mars 2018

ISBN : 978-1-98572-934-6

AVANT-PROPOS
DE LA RÉIMPRESSION

Un ouvrage tel que celui-ci, où sont jetées brièvement quelques idées, ne se prête pas à être modifié ou élargi. L'édition étant maintenant épuisée, il a paru que le mieux était de la reproduire mécaniquement — la reproduction est, par malheur peu réussie. — Mais il sera permis de profiter de cette occasion pour signaler quelques corrections et pour ajouter certaines vues qu'on regrette de n'avoir pas indiquées dès l'abord.

❧

A en juger par ce que l'on observe chez tous les anciens peuples de langue indo-européenne, chez les Celtes comme chez les « Aryens » de l'Inde et de l'Iran, chez les Grecs comme chez les Germains, chez les Slaves comme chez les Italiotes, les éléments qui constituaient à une époque préhistorique les « nations » indo-européennes étaient unis par des liens lâches et ne formaient aucune unité politique stable. Un chef comme le chef légendaire des Bituriges, Ambigatos, pouvait réunir sous son autorité un grand empire celtique ; mais pareil empire ne survivait pas plus à son fondateur que l'empire d'Alexandre. L'unité indo-européenne était une unité nationale, non une unité politique. Et il n'y a aucune raison de croire que l'une des parties de la « nation » ait eu, de manière durable, une influence dominante sur les autres. Dès lors, des lignes d'isoglosses ont dû se croiser en tous sens à travers le domaine indo-européen, et il n'y a même pas lieu de s'attendre à trouver des faisceaux de lignes non exactement concordantes, mais voisines les unes des autres, tels qu'on en observe, par exemple, entre la France du Sud, restée plus proche du latin, et la France du Nord, très aberrante par rapport au latin ancien.

ॐ

Il est malheureusement difficile de se former une idée juste de tous les anciens dialectes indo-européens. Pour le groupe tout à fait occidental, que représentent le germanique et l'italo-celtique, on n'a pas de textes vraiment archaïques. Si l'on avait, dans ce groupe, l'équivalent de ce que sont les Védas ou les gāthās de l'Avesta pour l'indo-iranien et Homère pour le grec, la dialectologie indo-européenne aurait une précision qui lui manque, et la grammaire comparée des langues indo-européennes prendrait une face nouvelle à bien des égards.

Par exemple, c'est un fait remarquable que des thèmes comme *dō-/*də- ou *dhē- (*dhō-)/*dhə-, de racines athématiques de sens « perfectif », fournissent en italo-celtique et en germanique, et sans doute en albanais, des présents, d'aspect perfectif, tels que lat. *dat, uolt* (cf. l'aoriste véd, *avr̥ta*). v.h.a. *tuot*, et en grec ou en indo-iranien des aoristes tels que skr. *ádāt, adhāt*, gr. ἔδομεν, ἔθεμεν (v. *Bull. Soc. Ling.* vol. XXIII, sous presse). Mais on ne fait que l'entrevoir. Il faut du moins ajouter cette ligne d'isoglosses à celles qui sont déjà connues, et signaler à cet égard, que le slave et sans doute l'arménien occupent entre le type latin et germanique, d'une part, le type grec et indo-iranien, de l'autre, une situation intermédiaire.

Faute d'avoir, pour la plus grande part du domaine indo-européen, des données assez anciennes, on se représente l'indo-européen commun sous une norme aussi voisine que possible du grec et de l'indo-iranien. Il y a là une part d'illusion. La découverte du « tokharien » a montré, par exemple, que les désinences verbales en -*r* n'étaient pas propres à l'italo-celtique ; or, ces désinences trouvent mal leur place dans le système tel qu'on se le représente d'après le grec et l'indo-iranien. Des nominatifs masculins sans désinence, comme v. lat. *quo-i,* osq. *pu-i,* ombr. *po-i,* sont sûrement anciens ; les types de subjonctifs en *-ā-,* tels que v.irl. *bia* en face de *benim* ou v. lat. *ad-uenat* en face de *uen-iō,* ne peuvent résulter de développements nouveaux en italo-celtique ; le procédé a un aspect profondément indo-européen.

Pour se former une idée juste de l'indo-européen commun, il faudrait sans doute corriger plus qu'on ne l'a fait l'image que fournissent le grec et l'indo-iranien et recourir assez largement au germanique et à l'italo-celtique, abstraction faite des innovations de ces dialectes.

ଛ

Les parlers germaniques, celtiques et italiques offrent, en effet, certaines tendances communes à des innovations par rapport à l'indo-européen.

Sans doute, la prononciation spéciale de l'initiale qu'on rencontre en germanique, en gaélique et en italique, ne se retrouve pas dans le groupe brittonique du celtique. Sans doute aussi la quantité relativement longue que M. JURET attribue, probablement avec raison, à l'initiale latine et qu'il faut attribuer à l'italique en général, n'est pas de même nature que la forte intensité initiale du gaélique et du germanique. Mais il est frappant que l'initiale tende ainsi à se singulariser dans le mot, à la fois en germanique, en celtique et en italique. Cette situation singulière de l'initiale se traduit, en latin surtout, par la fermeture des voyelles brèves intérieures, en osco-ombrien par des syncopes. En tout cas l'initiale a une situation à part. Et il résulte de là que les finales tendent à s'altérer très fortement, autre trait commun au germanique, au celtique et à l'italique.

Un second trait frappant est la tendance à vocaliser, pour ainsi dire, les consonnes intervocaliques. Le détail de l'innovation varie d'une langue à l'autre. En celtique, elle se manifeste avec une importance toute particulière : le brittonique — où *y* et *w* initiaux aboutissent à des sonores — sonorise les sourdes intervocaliques, tandis que le gaélique — où *y* el *w* aboutissent à des sourdes — en fait des spirantes sourdes. En germanique, la sonorisation des intervocaliques n'atteint que les éliments spirants ; et cette action est entravée souvent par des actions spéciales : loi de VERNER en germanique commun (pour la spirante qui clôt la première syllabe du mot), loi de WREDE-THURNEYSEN (sûre pour le gotique, v. W. STREITBERG, *Gotisches Elementarbuch*, 5-6, § 117, p. 91 et suiv. ; à supposer aussi ailleurs : le vieux saxon oppose *tehando* à *tegotho* « dixième »). En italique commun, la sifflante -*s*- est seule sonorisée ; la sonorisation des anciennes spirantes sourdes dans les types lat. *medius*, *animālibus*, *figūra*, en face de osq. **mefiaí, luisarifs, feíhúss,** est propre au latin. Mais cette tendance à altérer les intervocaliques s'oppose curieusement à la stabilité des intervocaliques qui caractérise le grec, le baltique et le slave.

Les voyelles, surtout les voyelles brèves, sont sujettes à subir en germanique, en celtique et en italique, l'influence des phonèmes voisins. Le phénomène connu sous le nom d'*Umlaut* domine la phonétique des voyelles en germanique occidental, en nordique et en gaélique. Le latin oppose *uolo, uolens* à *uelim, uelle* ; et il suffit d'une gutturale précédente pour empêcher le passage de *e* à *o* dans *gelu, gelāre*, par exemple. Cette dépendance du timbre des voyelles s'oppose à la fixité de timbre qui caractérise le grec, le baltique et le slave communs.

En matière de morphologie, le germanique, le celtique et l'italique s'accordent à donner à l'expression du temps dans le verbe une importance que n'avait pas cette notion en indo-européen. L'opposition du présent et du passé était rendue en indo-européen, d'une manière peu claire et peu constante, par les désinences primaires et secondaires, et, dans un groupe dialectal seulement, par un mot accessoire, l'augment (v. chap. XIV). Or, par des procédés différents, le germanique, le baltique et l'italique sont arrivés à exprimer le prétérit au moyen de thèmes propres. Et, chose inouïe en indo-européen, il y a eu dans ces langues des prétérits du « subjonctif ». — Du coup, les désinences secondaires peuvent servir au présent : lat. *fātu-r* est un présent, alors que hom. φάτο est un prétérit (v. *Bul. Soc. ling.*, XXIII, sous presse). En irlandais, °*beir* qui répond à véd. *bhárat*, *berat* qui répond à véd. *bharan*, sont des présents aussi bien que les correspondants *berid*, *berit* de skr. *bhárati*, *bháranti*.

Il y a lieu de supposer que le germanique, le baltique et l'italique ont subi des influences semblables. Après la période italo-celtique, l'italique a cessé de subir ce type d'influences et en a subi de nouvelles. Au contraire, le germanique et le celtique, demeurés dans des régions voisines, se sont développés en partie d'une manière parallèle. Un accent d'intensité net s'y est développé, et en gaélique à la même place qu'en germanique : sur l'initiale. Les occlusives ont pris un caractère semblable : les sourdes sont devenues des sourdes aspirées, et les sonores ont tendu à s'assourdir en quelque mesure ; en celtique, les choses sont allées beaucoup moins loin qu'en germanique où il s'est produit une mutation complète (*Lautverschiebung*) ; mais le point de départ est le même sur les deux domaines.

Les types de rapports qu'on peut observer entre les langues indo-européennes sont donc divers. Il est souvent malaisé de les ramener à leurs conditions historiques.

Il importe, en tout cas, de distinguer les aires de système phonétique et grammatical commun des aires de vocabulaire commun. Les communautés de vocabulaire indiquent surtout des communautés de civilisation. Elles offrent par suite un intérêt particulier pour l'histoire.

Les concordances des vocabulaires juridique et religieux en indo-iranien et en italo-celtique, mises en évidence par M. J. VENDRYES, *MSL* XX, p. 265 et suiv., s'expliquent par un trait de structure sociale commun aux peuples des deux groupes. Elles n'impliquent aucune parenté dialectale.

ॐ

Ce qui rend possible la grammaire comparée des langues indo-européennes, c'est qu'il y a eu une « nation indo-européenne » définie, et que chacun des groupes en lesquels elle s'est brisée, s'est, à son tour, constitué en une nation : nation « aryenne » (indo-iranienne), nation « hellénique », nation « italo-celtique », etc. Dans chaque domaine, une aristocratie dominante, organisatrice, a fait prévaloir une langue sensiblement une, comme elle faisait prévaloir son type de structure sociale.

Ce qui caractérise chacun de ces groupes, ce ne sont pas seulement les innovations réalisées dès l'époque de communauté ; ce sont aussi les nouvelles tendances communes résultant de l'unité initiale du groupe, tendances qui ont continué à agir après que cette unité s'était brisée.

Par exemple, l'indo-iranien avait conservé le *bharā* correspondant à gr. φέρω, lat. *ferō*, v.irl. °*biur*, got. *baira*, à la 1re personne du singulier primaire active. Les gāthās de l'Avesta sont demeurés fidèles à ce type. Mais -*mi* a tendu à s'ajouter, et l'addition est déjà réalisée dans le védique le plus ancien, dans l'Avesta récent et dans les inscriptions perses achéménides. Si les gāthās de l'Avesta n'étaient, par bonheur, conservées, on croirait sans doute que le type véd. *bhárāmi* est indo-iranien. Il est possible que le procédé ait apparu dès l'époque indo-iranienne. Mais il ne s'est généralisé qu'au cours des développements propres de l'indien et de l'iranien, et beaucoup de formes iraniennes seraient inintelligibles si l'on devait admettre *bhárāmi* comme étant le type indo-iranien commun (v. *MSL*, XXII, p. 220 et suiv.). L'identité presque complète de structure morphologique des deux dialectes avait pour conséquence naturelle l'identité des innovations.

L'action persistante de nouvelles tendances communes est une preuve de parenté dialectale aussi et plus forte que la conservation d'innovations réalisées déjà pendant une période de communauté.

A ces observations générales, il convient d'ajouter les remarques suivantes sur quelques chapitres[1].

---

[1] Ces remarques complémentaires pour l'édition de 1922 ont été insérées à la fin de chaque chapitre concerné [N.d.E.].

Ce petit ouvrage est sorti d'un cours professé au Collège de France en 1906-1907. On s'est efforcé d'y mettre au point le problème très discuté des dialectes indo-européens. Pour traiter à fond chacun des sujets que comporterait l'examen complet de la question, il aurait fallu passer en revue toute la grammaire comparée des langues indo-européennes ; on s'est borné à rappeler très brièvement les faits connus, sans même renvoyer la plupart du temps aux ouvrages où ils sont étudiés.

La table des matières donne une idée suffisante des sujets traités. Il a semblé inutile d'y ajouter un index.

M. Grammont et M. Vendryes ont bien voulu lire chacun une épreuve, et l'ouvrage a beaucoup profité de leurs avis.

INTRODUCTION

On ne rencontre nulle part l'unité linguistique complète.

Une même personne parle de manière sensiblement différente, suivant l'état physique et mental où elle se trouve à un moment donné, suivant les personnes auxquelles elle s'adresse, suivant le lieu, le temps et les circonstances extérieures.

Toutefois, les habitants d'une même localité tendent à parler d'une même manière, pour autant qu'il n'existe pas de différences de condition sociale qui se manifestent par des différences de langage, ou que certains groupes d'individus ne marquent pas leur autonomie par des particularités linguistiques. Cette unité n'est matériellement saisissable nulle part ; elle n'a qu'une existence abstraite, aussi longtemps qu'elle n'est pas formulée et fixée par des grammairiens ; c'est la norme à laquelle chacun tend à se conformer et dont toute déviation, de la part d'un individu, choque les autres habitants indigènes de la localité. Sans doute, personne ne réalise tout à fait cette norme ; la localité peut, du reste, comprendre des individus venus d'autres endroits et dont le langage est plus ou moins différent, et surtout des personnes d'âges divers ; or, l'observation montre que les générations successives apportent au langage des changements plus ou moins importants (v. en dernier lieu l'article de M. GAUCHAT sur l'*Unité phonétique*, dans les *Mélanges Morf*). Abstraction faite de toutes les différences dues à des circonstances spéciales ou à l'âge des sujets, il y a donc dans chaque localité un type linguistique idéal dont toutes les réalisations de fait ne sont que des approximations. Or, comme les faits particuliers n'ont pas d'intérêt, ce type idéal — variable suivant les générations — doit être l'objet principal de l'étude des linguistes. Les déviations n'ont d'importance qu'autant qu'elles peuvent servir à rendre compte du développement durant la période précédente et à faire prévoir et à expliquer les changements ultérieurs.

On a beaucoup médit du témoignage des langues littéraires, sans pour cela cesser de l'utiliser. Ce témoignage a, entre autres défauts, celui de dissimuler beaucoup de particularités individuelles et celui de ne faire apparaître la plupart des changements qu'après leur accomplissement, donc d'en dissimuler les débuts. Mais il a le mérite de mettre en évidence dès l'abord, non des accidents individuels et momentanés, mais une norme, car la langue écrite est fixée et reproduit en général le type idéal auquel tous les sujets parlants visent à se conformer. Grâce au fait que la linguistique s'est d'abord attaquée aux langues écrites, elle a, comme il convient, considéré les traits essentiels des langues et leur type général. Cette circonstance, qu'on déplore souvent, et qui a eu et a encore en effet ses inconvénients, a été en réalité hautement favorable au développement de la science, lors de ses débuts.

Soit maintenant une langue sensiblement une, parlée sur un domaine étendu comprenant un nombre notable de localités diverses ; si l'on fait abstraction des changements qui résultent d'emprunts de mots ou de substitutions phonétiques et grammaticales par imitation, les changements amenés par la succession naturelle des générations se réalisent d'une manière indépendante dans chaque localité. Comme ces changements proviennent de causes générales, ils ont lieu pour la plupart dans un nombre plus ou moins grand de centres, et, d'ordinaire, de centres groupés ensemble ; et, comme, d'autre part, le changement se produit indépendamment dans chaque localité, chacune des lignes d'isoglosses diverses qui, sur une carte linguistique, marquent la limite des innovations, est autonome et indépendante des autres. A prendre les choses à la rigueur, il n'y a donc, *dans le cas idéal considéré*, que des limites particulières de faits linguistiques ; il n'y a pas de limites de dialectes, car les lignes des divers faits se croisent, et ne coïncident jamais que par accident. M. DAUZAT (*Essai de méthodologie linguistique*, p. 218 et suiv.) a réuni un certain nombre de déclarations de romanistes éminents (M. SCHUCHARDT, G. Paris, M. P. MEYER) qui ont formulé ce principe dans les termes les plus clairs et les plus péremptoires. Partout ailleurs où l'on a pu examiner les choses de près, sur le domaine lituanien, par exemple, le principe s'est trouvé vérifié. M. BUCK a montré récemment, par un grand nombre de faits, que les parlers grecs présentent ainsi des lignes indépendantes d'isoglosses (*The interrelations of the Greek dialects, Classical Philology*, II, p. 243 et suiv.).

Toutefois, les changements linguistiques se conditionnent les uns les autres. De plus, le groupe de localités où a lieu un même changement important est un groupe où se manifeste l'action de causes communes. Il y a donc chance pour que les lignes qui enserrent les groupes de localités où se produisent plusieurs innovations indépendantes viennent à coïncider entièrement, ou du moins se rapprochent et se suivent souvent de très près. Un ensemble de localités où se produit ainsi, de manière indépendante, une série de changements concordants, qui sont en conséquence enserrées par un certain nombre de lignes d'isoglosses et s'opposent par là aux parlers voisins, constitue un *dialecte naturel*.

La notion de dialecte naturel n'a donc pas la même rigueur que celle des isoglosses qui limitent un groupe de localités pour un fait déterminé ; le dialecte n'est pas limité par une ligne, mais par une série de lignes distinctes les unes des autres. Mais, pour être un peu flottante, la notion n'en est pas moins réelle, et les sujets parlants de certaines régions ont le sentiment de parler un dialecte et par là de s'opposer à ceux de telle ou telle région voisine.

Les faits dont on vient d'esquisser brièvement la théorie se sont souvent réalisés ; le développement des langues romanes en fournit d'illustres exemples ; nulle part mieux que sur le sol français, par exemple, on ne peut observer l'indépendance des lignes d'isoglosses jointe au parallélisme d'un certain nombre de ces lignes qui caractérise des dialectes naturels nettement sensibles aux sujets parlants.

L'existence de *dialectes naturels* ainsi définis n'enlève rien à l'aunonomie des parlers locaux. Avec le temps, chaque parler diverge donc de plus en plus d'avec les autres, et l'aboutissement naturel de ce développement serait la création d'autant de langues distinctes qu'il y a de localités sur le domaine d'abord occupé par une langue une. Les patois français, si profondément diffé-rents les uns des autres et souvent inintelligibles à quelques dizaines de kilomètres de distance, donnent une idée du terme vers lequel tend cette évolution.

Mais l'évolution n'aboutit pas. Avant qu'elle réus-sisse à rendre le langage impropre à son objet naturel, qui est la communication entre le plus grand nombre possible d'hommes, elle est interrompue par l'extension de quelque langue commune — parler local généralisé, tel le français, qui est essentiellement le parler parisien, ou mélange de parlers, tel l'anglais, où se rencontrent des particularités empruntées à plusieurs parlers distincts — qui se superpose d'abord aux langues locales, et qui bientôt, offrant plus d'utilité et répondant mieux aux besoins, élimine entièrement celles-ci. Des circonstances historiques : conquête, unification politique, etc., donnent lieu d'abord à ces extensions, et l'avantage qu'ont les sujets parlants à employer une langue dont le rayon d'utilisation soit le plus grand possible, précipite le développement. Inversement, toute division politique, toute interruption de relations économiques et sociales, donne lieu de nouveau à des différenciations linguistiques. L'histoire des langues se compose ainsi d'une succession de grandes unifications et de grandes différenciations, auxquelles il faut ajouter les unifications partielles qui se produisent constamment, sur des domaines plus ou moins vastes, même dans les groupes de parlers les plus différenciés, et les différenciations qui se produisent dans les groupes de parlers les plus unifiés.

Pareil événement s'est produit deux fois déjà dans l'histoire des langues italiques. Une langue, qui à un moment donné a été sensiblement une, s'est brisée d'abord en deux groupes : le latin et l'osco-ombrien ; chacun des deux groupes s'est différencié, au point que l'osque, l'ombrien et le latin en sont venus à former trois idiomes distincts, dont, à l'époque historique, aucun n'était intelligible à un sujet parlant l'un des deux autres. Les parlers locaux eux-mêmes se sont différenciés à leur tour ; on s'exprimait aux environs de Rome tout autrement qu'à Rome même, et, par exemple, ce qui était à Rome *lūna* était *lōsna* à Préneste. Les circonstances politiques, en créant la suprématie politique de Rome, ont déterminé l'extension du parler romain qui, non sans subir fortement l'influence de ces assimilations et en retenir certaines particularités, a absorbé les autres parlers latins, et qui a éliminé non seulement les parlers osques et ombriens, mais aussi les autres langues parlées en Italie : étrusque, gaulois, vénète, messapien, grec, etc. La dislocation de l'empire romain a entraîné la dislocation de l'unité linguistique ainsi créée ; de nouveau, il s'est développé autant de parlers distincts qu'il y avait de localités, ou, du moins, de petits groupements féodaux, jusqu'à la constitution des nationalités modernes ; alors chaque nationalité a adopté une langue comme moyen de communication national, et cette langue tend à éliminer les parlers locaux ou régionaux ; ce développement est déjà très avancé en France, où la substitution du français général aux patois est dans beaucoup de régions un fait accompli, au moins pour la plus grande partie.

Tels sont — sommairement indiqués — les principes généraux du développement des dialectes naturels. On laisse ici de côté, à dessein, les deux types d'unité dialectale par généralisation : 1° l'unité qui provient de ce qu'un même type de parlers est étendu par des conquêtes, ainsi les parlers doriens en Grèce ; ce genre d'unité ne résulte pas d'innovations autonomes ayant mêmes limites approximativement, mais d'une identité initiale généralisée ; 2° l'unité qui provient de la reproduction du parler d'un groupe dominant. Ces deux types d'unité par généralisation ne se laissent bien souvent distinguer de l'unité des dialectes naturels que d'une manière théorique.

Reste à appliquer ces principes à l'indo-européen commun. Il y a ici plusieurs moments à distinguer.

Au moment où elle est attestée pour la première fois par des textes littéraires ou épigraphiques, chacune des langues indo-européennes avait déjà passé par une période propre d'unité, consécutive à la période générale d'unité indo-européenne. Les langues conservées ne permettent jamais de remonter directement à l'indo-européen ; entre l'attique et l'indo-européen, par exemple, il y a une période hellénique commune. L'état linguistique d'aucune de ces périodes communes n'est directement attesté ; on n'en a jamais une idée que par les correspondances entre les langues connues par des textes. Ainsi le grec commun est le système des correspondances entre les parlers helléniques : ionien et attique, groupe éolien (lesbien, thessalien, béotien), groupe arcadien et cypriote, parlers doriens, etc.

L'indo-européen n'est de même rien autre que le système des correspondances entre les langues communes ainsi définies : grec commun, germanique commun, slave commun, indo-iranien, etc.

Ce n'est donc pas à une langue qu'il s'agit d'appliquer les principes posés sur le développement dialectal, c'est à un système de correspondances linguistiques entre des systèmes de correspondances linguistiques. Le problème prend ainsi un aspect tout particulier. La langue dont l'existence est supposée par le système de correspondances connu sous le nom d'indo-européen, devait être parlée sur une aire étendue, comprenant un certain nombre, et sans doute même un assez grand nombre, de groupes distincts d'habitants. Dès lors, il a pu se produire des changements qui atteignaient seulement une partie du domaine ; et, si l'on pouvait observer directement l'indo-européen, on y trouverait des lignes d'isoglosses. Ces lignes se traduisent dans les systèmes de correspondances par des groupements partiels : au lieu que chacun des groupes attestés suive sa voie propre, on constatera qu'un certain nombre de langues présentent un type donné par contraste avec les autres. Par exemple, l'indo-iranien, le baltique et le slave, l'albanais et l'arménien s'accordent à présenter des semi-occlusives, des chuintantes ou des sifflantes, là où les autres langues ont des gutturales : le sanskrit a *ś*, le zend *s*, le slave *s*, le lituanien *š*, l'albanais *s*, l'arménien *s*, là où le grec a κ, le latin *c*, le celtique *k*, le germanique χ (d'où *h* et *g*, γ, suivant les cas). Etudier les dialectes indo-européens, c'est examiner ces groupements de correspondances linguistiques, en cherchant à reconnaître s'ils remontent à des groupements dialectaux de date indo-européenne. Le principe de cette idée (d'abord indiquée pour les langues romanes par M. SCHUCHARDT) a été publié pour la première fois par Joh. Schmidt, dans ses *Verwandtschaftsverhältnisse der indogermanischen Sprachen* (Weimar, 1872) ; c'est la fameuse théorie des ondes. M. BRUGMANN a, en 1884, discuté le problème dans l'*International. Zeitschrift* de Techmer, I, p. 226 et suiv., et M. KRETSCHMER, dans son *Einleitung*, p. 93 et suiv. ; la position actuelle de la question et la bibliographie sont résumées dans O. SCHRADER, *Sprachvergleichung und Urgeschichte*[3] p. 53 et suiv., et H. HIRT, *Die Indogermanen*, p. 89 et suiv. et p. 579 et suiv. ; cf. de plus E. HERMANN, *Ueber das Rekonstruieren*, KZ XLI, p. 1 et suiv.

Le départ entre les faits dialectaux indo-européens et les innovations réalisées par chaque langue après sa séparation d'avec le groupe central ne saurait être exécuté d'une manière sûre ; car, dans les deux cas, il s'agit, par définition, de phénomènes réalisés indépendamment, et présentant par suite les mêmes caractères, dans des langues de structure pareille, telles qu'étaient au moment de la séparation les diverses langues de la famille ; longtemps encore après la séparation, des innovations semblables les unes aux autres, ont eu lieu dans des langues déjà très différenciées ; l'*e* du lat. *tepidum* a passé à *ie* dans une partie des langues romanes : ital. *tiepido*, fr. *tiède*, et de même l'*e* du sl. comm. **teplŭ* dans une partie des langues slaves : pol. *ciepły* (l'hypothèse de M. GOIDANICH, *Ditfongazione romanza*, ne change rien au fait fondamental que la diphtongue est récente, et c'est le seul qui soit considéré ici).

En l'absence d'un critère décisif, on ne peut que réunir tous les faits anciens qui répondent à certaines conditions définies, dont seul le groupement fait ressortir la portée.

1° Les faits considérés doivent se rencontrer déjà, non seulement dans les plus anciennes langues attestées, mais dans les langues communes, connues par des systèmes de rapprochements entre langues attestées : on ne peut utiliser que des faits grecs communs, slaves communs, germaniques communs, etc. (ce que l'on appelle en allemand *urgriechisch*, *urslavisch*, etc.).

Et encore faut-il que ces particularités n'apparaissent pas, dans les langues communes, comme des innovations récentes, reconnaissant des causes particulières à ces langues.

2° Les faits doivent avoir un caractère de singularité qui suppose l'action de causes identiques agissant dans une région déterminée, et qui rende peu probable un développement indépendant postérieur à la séparation. Tous les détails faciles à expliquer par des tendances universelles du langage humain sont à écarter.

3° Les faits communs doivent se trouver dans des langues qui aient été voisines ; il ne doit donc pas y avoir de chevauchements. La constatation des domaines dialectaux continus de l'indo-européen est facilitée par ceci que la séparation des langues indo-européennes ne semble pas avoir entraîné de dislocations : l'une des principales conclusions de la présente étude sera que le domaine occupé par la famille a été élargi sans que la position respective des dialectes ait changé d'une manière essentielle.

Avant d'entrer dans l'énoncé détaillé de chacun des faits, il convient de discuter d'abord deux questions :

1° Le parti à tirer des faits de vocabulaire ;

2° L'existence de groupements de dialectes postérieurs à la séparation.

Par elles-mêmes, les coïncidences de vocabulaire ont une très grande importance, que M. GILLIÉRON fait ressortir pour les parlers français dans les études fondées sur son *Atlas linguistique*. Mais en ce qui concerne la dialectologie indo-européenne, il est malaisé d'en tirer parti. En effet, d'une part, le nombre des étymologies indo-européennes est petit et ne saurait être comparé à celui des étymologies romanes ; d'autre part, les mots rapprochés sont des mots de sens général, et, dans la mesure très restreinte où il s'agit de termes spéciaux ou quelque peu techniques, on n'a pas le moyen de déterminer avec précision jusqu'à quel point les coïncidences relèvent de faits de civilisation : si tel terme manque dans un groupe de dialectes, ce peut être parce que les circonstances historiques, ou des changements dans la technique en ont entraîné la disparition ; et si tel autre terme ne se rencontre que dans certains autres dialectes, on peut soupçonner un emprunt dû à une influence commerciale. On recherchera d'abord s'il est possible d'entrevoir au moins des faits de ce genre.

Quant aux groupements de dialectes postérieurs à la séparation, il y a une autre possibilité à envisager. Les éléments de population qui ont transporté l'indo-européen sur l'Europe et une partie de l'Asie et qui ont constitué chacune des familles de langues attestées ne se sont pas nécessairement séparés dès le début exactement en autant de groupes qu'on en constate au début de l'époque historique ; certains groupes ont pu se scinder seulement après une période de communauté intermédiaire entre la période indo-européenne et la période où s'est fixée la forme commune du groupe historiquement attesté. Divers faits amènent ainsi à supposer une période indo-iranienne antérieure à la période indienne et à la période iranienne commune ; une période italo-celtique, puis, une période italique (antérieure à la période osco-ombrienne d'une part, latine de l'autre ; il va sans dire que cette période « italique » peut être antérieure à l'entrée de tribus de langue indo-européenne en Italie et s'être écoulée ailleurs que sur sol italien) ; peut-être une période balto-slave.

Les éléments de population qui ont fourni ces groupes linguistiques divisés par la suite ont dû se composer dès le début d'individus appartenant à des localités différentes, et la communauté momentanée par laquelle ils ont passé n'emporte pas identification complète de la langue, pas plus qu'elle n'emporte la suppression de toutes les distinctions de tribus, de phratries, etc. : il peut donc subsister à l'intérieur de ces groupes la trace de distinctions dialectales indo-européennes ; on sera amené, dans la suite de ce travail, à supposer que certaines lignes d'isoglosses passent entre l'iranien et le sanskrit, entre le celtique et l'italique.

On reconnaît le passage par une période plus ou moins longue de communauté à des coïncidences de détail, à des innovations singulières, à des formes qui ne reproduisent ni l'usage, ni même le type général de l'indo-européen, en un mot à toutes les particularités que deux langues ne peuvent pas introduire d'une manière indépendante et qui supposent des rapports intimes prolongés durant un certain laps de temps ; ce sont précisément les rapports qu'on a le droit d'imaginer entre les groupes de colons et de conquérants qui ont propagé chacune des familles de langues indo-européennes.

Il y aura donc lieu d'examiner sur quoi se fonde l'hypothèse des groupes les mieux établis : indo-iranien, italo-celtique, balto-slave. Et c'est seulement après cette étude des faits postérieurs à la séparation qu'on pourra passer en revue les faits dialectaux antérieurs, c'est-à-dire ceux de date proprement indo-européenne.

Les développements dont on vient d'esquisser le schéma général ne sont qu'une partie des faits très complexes qu'a comportés l'extension des langues indo-européennes. Il n'est pas douteux par exemple que des territoires, d'abord colonisés par une certaine tribu parlant un certain dialecte, ont pu l'être et, en fait, l'ont souvent été ensuite par une autre parlant un dialecte distinct du précédent ; divers indices permettent d'entrevoir encore ces séries de substitutions dans quelques parties de la Grèce, ainsi que l'a montré surtout M. SOLMSEN (voir la série de ses articles dans les volumes LVIII-LXII du *Rheinisches Museum*). Il serait sans doute malaisé de reconnaître les faits de ce genre dans le développement préhistorique des plus anciennes langues communes de la famille indo-européenne, qui est l'unique objet de ce travail. Si l'on doit jamais y parvenir, ce ne sera en tout cas qu'après avoir posé d'une manière précise les dialectes indo-européens.

Quand on aura réussi à déterminer en quelque mesure les faits dialectaux de date indo-européenne, on aura constitué l'un des fondements les plus nécessaires à l'étude de chacune des langues communes ; indo-iranien, grec commun, slave commun, etc. D'abord, on aura une première esquisse de chronologie entre les phénomènes, puisqu'on pourra distinguer les faits indo-européens de ceux qui ont été réalisés par la suite. En second lieu, on saura sur quelle forme particulière de l'indo-européen repose chaque langue, et comment le développement ultérieur a été conditionné par là. Enfin, et c'est peut-être ce qui importe le plus, on pourra faire le départ entre les faits indo-européens et ceux qui sont résultés des conditions spéciales à chacun des groupes qui ont transporté la langue sur un sol nouveau : unité plus ou moins grande du groupe qui a transporté l'indo-européen, nombre plus ou moins considérable des hommes qui le composaient, réaction des populations parlant d'autres langues, éparpillement progressif des éléments de langue indo-européenne sur une aire de plus en plus vaste et perte progressive de contact de ces éléments, etc.

Si donc l'objet propre de la présente étude est de chercher des faits de date indo-européenne, communs à telle ou telle partie du domaine indo-européen, le résultat principal en est de mettre en évidence l'originalité propre du développement des grandes familles de langues, en faisant ressortir, par une simple comparaison, quelles sont les innovations propres qu'elles ont introduites. Presque tous les manuels actuels placent, au moins en apparence, sur le même plan des faits qui sont de date et d'espèce différentes ; en groupant ici des faits

x déjà connus pour la plupart, on essaiera de
a possibilité de distinguer des moments succes-
ᴠᴉᴜ ᴜaᴜᴜ le développement des langues indo-européennes entre la période d'unité et celle des plus anciens
témoignages écrits.

Dictionnaire étymologique, pose
do-iranien et un vocabulaire des
:n contraste l'un avec l'autre. Ce
admissible aussi longtemps qu'on
croyait reco..... un certain nombre d'innovations
phonétiques et morphologiques qui auraient caractérisé
l'européen, et qui se seraient produites postérieurement à
la séparation de l'indo-iranien ; mais personne ne croit
plus aujourd'hui à ces innovations proprement européennes. Dès lors, si l'indo-iranien se trouve ne pas posséder
quelques mots qui sont bien attestés dans la plupart des
langues de l'Europe, il n'y a rien là de caractéristique, ni
qui suppose une antériorité de la séparation du groupe
indo-iranien ; il n'est pas de langue indo-européenne à
laquelle il ne manque certains mots qui se trouvent dans
la plupart des autres ; par exemple, les noms indo-européens du « fils » et de la « fille » (skr. *sūnúḥ* et *duhitā́*)
manquent en italique et en celtique où ils sont remplacés
par des mots nouveaux ; et pourtant, il n'y a pas de mots
plus généralement attestés sur l'ensemble du domaine.

Il est vrai que quelques-uns des termes qui manquent
à l'indo-iranien ont trait à des notions agricoles importantes : « labourer » (lat. *arāre*), « moudre » (lat. *molere*),
ou à des notions connexes, comme celle de « sel » (lat.
sāl) ; mais on conçoit que les hommes qui ont transporté
l'indo-iranien à travers l'Asie aient perdu quelques
termes relatifs à l'agriculture, et toute la valeur probante
de la constatation a disparu depuis qu'on a noté en indo-
iranien le nom d'une céréale (skr. *yávaḥ*, zd *yava-*) et
une formation d'une racine signifiant « moudre » (pers.
ārd, hind. *āṭā* « farine »). L'agriculture était pratiquée au
moment où l'indo-iranien s'est séparé, et la question

d'un vocabulaire proprement européen n'... poser.

Mais on relève un assez grand nombre de mots se rencontrant dans les dialectes du nord et de l'oues... slave, baltique, germanique, celtique et italique, manquent dans les autres : indo-iranien, arménien, grec. Beaucoup de ces mots se rapportent à des faits de civilisation, si bien que la coïncidence indiquerait un développement de la civilisation propre aux peuples qui ont répandu les dialectes du nord et de l'ouest.

Beaucoup de ces mots sont des termes d'agriculture : « semer » : v.sl. *sěti*, lit. *sěti*, got. *saian*, lat. *serere* (*sēuī*) ; v.sl. *sěmę*, « semence », lit. *sěmenys*, v.h.a. *sāmo*, lat. *sēmen*, et v.irl. *síl*, gall. *hād* (cf. lat. *satus*). Le rapprochement du grec : ἵημι « j'envoie » est faux ; on a vu depuis longtemps que ἵημι, ἧκα est à lat. *iaciō*, *iēci*, ce que τίθημι, ἔθηκα est à *faciō*, *fēcī*. Le skr. *strī́* « femme » n'a rien à faire ici ; dire que la « femme » a été nommée la « semeuse » parce que, à un certain stade de civilisation, c'est la femme qui cultive la terre, est un simple jeu d'esprit ; du reste, on attendrait **sātrī* ou, tout au plus, **sitrī*. Seul, arm. *hund* « semence », qui serait formé comme *serund* « descendance » à côté de *serel* « engendrer » pourrait peut-être être rapporté à **sē-* des langues du nord-ouest ; mais la racine ne serait pas représentée par ailleurs en arménien, et l'on sait que d'ordinaire *h*, issu de i.-e. **s-*, ne se maintient pas dans cette langue ; le rapprochement est donc très suspect ; et l'existence de **sē-* « semer » n'est certaine que dans le groupe du nord-ouest.

« grain » : lat. *grānum* irl. *grán*, gall. *grawn* (plur.), got. *kaurn*, v.sl. *zrŭno* (serb. *zȑno*), lit. *žìrnis* « pois ». Le rapprochement avec skr. *jīrṇáḥ* « vieilli », etc., est entièrement incertain ; même si on l'admet, il demeure que le sens de « grain » est limité aux langues du nord-ouest, et une particularité de sens aussi définie suffit à caractériser un groupe.

Un mot désignant un aliment extrait des céréales : lat. *far* (*farris*) et *farīna*, ombr. *farsio* **fasiu** « farrea », v.isl. *barr* « céréales », got. *barizeins* « d'orge », v.sl. *brašĭno* « nourriture, βρώματα, τροφαί, ἐπισιτισμός, ἔδεσμα », s. *brǎšno* « farine », r. *bórošno* « farine de seigle ». Il n'y a aucune raison de rapprocher skr. *bhárvati* « il mâche », ni par suite zd °*baourva*-.

« sillon » : lat. *līra* (et *dē-līrus, dēlīrō, dēlērō*), v.h.a. (*wagan*)-*leisa*, m.h.a. *leis* « trace de voiture », v.sl. *lěxa* « πρασιά » (r. *lexá*, s. *lijèha*, tch. *lícha* ; sans doute ancien mot oxyton) ; lit. *lýsė* « carré, planche de culture ».

« pomme » : v.sl. *ablŭko* (r. *jábloko*, pol. *jabłko*), lit. *óbuolas*, lette *ābols*, v.pruss. *woble*, v.h.a. *apful*, v.angl. *ǣppel*, v.irl. *aball*, m.gall. *aual* ; le nom de ville *malifera Abella*, en Campanie, fournit une trace de l'existence du mot en italique ; mais l'introduction d'une sorte méditerranéenne avec son nom grec dor. μᾶλον, d'où lat. *mālum* (ou gr. comm. μῆλον, d'où ital. *melo*) a entraîné la disparition du vieux mot en Italie.

« porc » : lat. *porcus*, ombr. *porca*, **purka** « porcas », v.irl. *orc*, v.h.a. *farah*, v.angl. *fearh*, lit. *paršas*, v.sl. *prasę* (r. *porosjá*, s. *prâse*, pol. *prosię*). Le prétendu gr. πόρκος, dont parle Varron, ne se trouve dans aucun texte grec et n'est sans doute qu'un emprunt fait par des Grecs d'Italie ou de Sicile à une langue italique. Le mot du nord-ouest **porkᵢos* ne désigne que le « porc » domestique, tandis que le mot indo-européen commun **sū*- (lat. *sūs*, etc.) s'applique également au « porc » et au « sanglier ».

« fève » : lat. *faba*, v.pruss. *babo*, v.sl. *bobŭ* ; le rapport avec le mot germanique v.isl. *baun*, v.angl. *bēan*, v.h.a. *bōna* n'est pas déterminé. L'alb. *bathë* est très éloigné pour la forme.

« moisissure » ; lat. *muscus*, v.h.a. *mos*, lit. *musaĩ*, v.sl. *mŭxŭ*.

« creuser » : lat. *fodiō*, gall. *bedd* « fosse », lit. *bedù* « je creuse » et *badaũ* « je pique », lette *bedre* « fosse », v.sl. *bodǫ* « je pique », peut-être got. *badi* « lit » (d'abord creusé dans la terre ?, v. MERINGER, *IF* XIX, p. 488 et suiv.). Le β- initial écarte gr. βόθρος, βόθυνος.

Le « seigle », qu'on n'a pas jusqu'à présent rencontré dans les fonds d'époque néolithique, a un nom qui ne s'étend pas au delà du slave, du Baltique et du germanique : v.sl. *rŭžĭ*, lit. *rugỹs*, v.pruss. *rugis*, v.isl. *rygr*, v.angl. *ryge*, v.h.a. *rokko*. Et il y a un nom de l'« avoine » dont l'original ne se laisse pas restituer avec certitude, mais qui est visiblement commun au slave : *ovĭsŭ*, au baltique : lit. *avižà*, lette *auzas*, v.pruss. *wyse*, et au latin : *auēna*.

On peut ajouter quelques noms d'oiseaux et d'insectes :

« grive » : lat. *turdus*, v.isl. *þrǫstr*, lit. *strãdas*, v.sl. *drozdŭ* (avec une assimilation de l'initiale) et *drozgŭ*. Le gr. στροῦθος, ne peut être rapproché à cause du ου, et aussi du θ, qui ne se concilie ni avec germ. *t*, ni avec lat. *d* (on aurait *b* après *r* s'il s'agissait de **dh*).

« guêpe » : lat. *uespa*, v. bret. *guohi*, v.h.a. *wafsa*, lit. *vapsà*, v.sl. *osa*, le beluči *gvabz* « abeille, guêpe » est à écarter à cause de son isolement en indo-iranien ; la sonore *bz* fait du reste difficulté ; le rapprochement avec la racine **webh-* « tisser » n'explique rien, car on ne voit pas comment le sens de cette racine s'appliquerait à la « guêpe ».

« frelon » : lat. *crābrō*, gall. *creyryn*, v.h.a. *hornuz*, lit. *širšuõ* (acc. *šìršenį*), v.sl. *srŭšenĭ* (s. *sr̃šljēn*).

Le mot **nizdo-* spécialisé au sens de « nid » dans : lat. *nīdus*, v.irl. *net*, v.h.a. *nest*, et, avec des altérations, lit. *lìzdas* et v.sl. *gnězdo* ; au contraire arm. *nist* ne signifie que « siège » et sert de nom verbal au verbe primaire *nstim* « je suis assis » (aor. *nstay*), et skr. *nīḍaḥ* a gardé le sens de « siège, lieu où l'on est établi », à côté de celui de « nid ».

Noms d'arbres :

« aune » : lat. *alnus*, v.h.a. *elira*, lit. *eĺksnis*, v.sl. *jelǐxǔ*.

« orme » : lat. *ulmus*, irl. *lem*, v.isl. *álmr*, sl. **jilǐmǔ* et *jilǐma*.

« if » : irl. *eo*, gall. *yw*, v.isl. *ýr*, v.angl. *īw* et *ēow*, v.h.a. *īwa*, lit. *ievà*, v.sl. *jiva*.

Mots techniques :

« frapper » (en particulier sur une enclume pour forger) : lat. *cūdō* et *incūs* (*incūdis*), irl. *cuad* et *coach* (v. Wh. STOKES, dans FICK, *Et. Wört.* II⁴, p. 88), v.h.a. *houwan*, lit. *káuju*, *káuti* « battre, frapper, combattre », *kúgis* « marteau », *kovà* « combat », v.sl. *kujǫ* « je forge », *kyjǐ* « marteau ».

« couper » : lat. *secō*, v.sl. *sěkǫ* : lat. *secūris*, v.sl. *sekyra*, « hache »; v.h.a. *seh* « couteau », *sega* « scie », *sahs* « couteau » (sur le celtique, v. STOKES, *KZ*, XL, 249).

« tresser » : lat. *plectō*, v.h.a. *flehtan* et v.sl. *pletǫ* représentent une même forme, dont gr. πλέκω et le substantif skr. *praśnaḥ* « objet tressé » s'éloignent davantage. Le traitement de **-kt-* qu'on a dans v.sl. *pletǫ*, est le traitement régulier devant voyelle postpalatale (v.sl. *noštǐ* est un exemple classique du traitement de **-kt-* devant voyelle prépalatale).

« roue » : lat. *rota*, irl. *roth*, gall. *rhôd*, v.h.a. *rad*, lit. *rãtas* ; le mot correspondant de l'indo-iranien, skr. *ráthaḥ*, zd *raθō*, signifie « char ».

« timon » : lat. *tēmō*, v.h.a. *dīhsala*, v.angl. *þīhl*, v.isl. *þísl*, v.pruss. *teansis*.

« bouclier » : lat. *scūtum*, irl. *scíath*, v.pruss. *staitan* (lire *scaitan* ?), v.sl. *štitǔ* ; si lit. *skỹdas* et gr. ἀσπίς (ἀσπίδος) sont parents, ils diffèrent du moins par le *d* en face du *t* des autres langues.

« anse » : lat. *ansa*, lit. *ąsà*, et v.isl. *æs* « trou (pour passer un lacet) ».

Mots relatifs aux relations sociales :

« peuple » : osq. *touto*, ombr. *totam* (acc.), v.irl. *túath*, got. *þiuda*, lit. *tautà*.

« étranger, hôte » : lat. *hostis*, got. *gasts*, v.sl. *gostĭ* ; si le gr. ξένϝος est parent, il a une forme entièrement différente.

« dette » : v.sl. *dlŭgŭ* (s. *dûg*), got. *dulgs*, v.irl. *dliged* (*dligim* « je dois ») ; la diphtongue radicale du slave étant intonée douce, le mot slave n'est sans doute pas emprunté au germanique ; et il n'y a pas de raison positive de croire que le mot germanique soit emprunté au celtique, comme l'a supposé M. D'ARBOIS DE JUBAINVILLE.

lat. *uas* (*uadis*) « gage », got. *wadi*, v.isl. *veð*, v.h.a. *wetti* ; lit. *vadúoti* « dégager, délivrer », « dominer » : v.sl. *vladǫ*, lit. *valdaũ* et °*veldu*, got. *waldan* ; cf. irl. *flaith* « souveraineté » (certaines formes scandinaves ont également *t*), et aussi lat. *ualeō*.

Mots divers :

« homme », désigné par l'expression de « terrestre » : lat. *homō*, got. *guma*, lit. *žmuõ* (*žmónės*) ; en indo-iranien, en arménien et en grec, on rencontre plutôt l'expression de « mortel » : hom. βροτός, arm. *mard*, zd *marəta* et *mašyō*, v.perse *martiya*, skr. *mártyaḥ*, *mártaḥ*.

« barbe » : lat. *barba*, v.h.a. *bart*, lit. *barzdà*, v.sl. *brada* ; de là l'adjectif : lat. *barbātus*, lit. *barzdótas*, v.sl. *bradatŭ*. « poli, glabre » : lat. *glaber*, v.angl. *glæd*, v.h.a. *glatt*, lit. *glodùs*, v.sl. *gladŭkŭ*.

« glace, froidure » : lat. *gelu* et *glaciēs*, v.h.a. *kalt* et *kuoli*, lit. *gélmenis* « froid vif », v.sl. *golotĭ* « glace » et *žlĕdica* « verglas, givre ». On lit γελανδρόν· ψυχρόν chez Hésychius, mais cette glose est à rapprocher du sicilien γέλα, qui doit être un emprunt à l'italique. Les parlers siciliens semblent avoir été un peu moins rebelles aux emprunts que les autres parlers grecs ; on a vu plus haut πόρκος ; M. W. SCHULZE, *KZ* XXXIII, p. 223 et suiv., a reconnu dans λίτρα un autre emprunt sicilien. — On a de même lat. *calēre* en face de lit. *šìlti* « devenir chaud ».

« parole » : lat. *uerbum*, got. *waurd*, v.pruss. *wirds*, lit. *vaȓdas* (la racine est indo-européenne commune ; v. le dictionnaire de M. WALDE, sous *uerbum*).

« pousser » : lat. *trūdō*, got. *þriutan*, v.sl. *trudŭ*.

« vent du nord » : lat. *caurus*, got. *skūra-*, v.h.a. *skūr*, lit. *šiáurė* « nord » et « vent du nord », v.sl. *sěverŭ* « nord ».

« vrai » : lat. *uērus*, v.irl. *fír*, v.h.a. *wār* ; v.sl. *věra* « foi ».

« abondant » : irl. *menicc*, got. *manag*, v.sl. *mŭnogŭ*.

« mer » : lat. *mare*, irl. *muir*, gaul. (*are-*)*morica*, got. *marei* et *mari-*(*saiws*), lit. *mãrės*, v.sl. *morje* ; ce nom de la « mer » n'est usuel que dans les langues du nord-ouest ; toutefois il semble que le sanskrit en ait trace dans le mot obscur *maryā́dā*.

Inversement, la négation prohibitive **mē* n'est attestée qu'en indo-iranien (*mā́*), grec (μή), arménien (*mi*), et manque totalement par ailleurs. Une disparition indépendante en slave, en baltique, en germanique, en celtique et en italique est peu vraisemblable ; car, dans les langues où **mḗ* a existé, ses représentants sont encore aujourd'hui en usage, et le grec moderne, l'arménien moderne, le persan ne diffèrent pas à cet égard du grec ancien, de l'arménien ancien et du vieux perse. Le fait est du reste trop isolé pour prouver beaucoup.

Telle ou telle de ces coïncidences peut être fortuite, et l'on ne saurait rien affirmer d'aucune en particulier ; mais l'ensemble ne saurait l'être, surtout si l'on tient compte des groupements de sens. Il y a donc une certaine communauté de vocabulaire entre les langues du nord et de l'ouest, et cette communauté paraît provenir d'un développement de civilisation commun.

CHAPITRE II

L'indo-iranien

De tous les groupes dialectaux qui reposent sur une période de communauté postérieure à la période indo-européenne, le seul dont la réalité soit attestée par un témoignage direct est l'indo-iranien.

Ce témoignage est le nom, identique, par lequel se désignent les peuples qui ont apporté l'indien d'une part, l'iranien de l'autre. On a en effet :

zd *airya-* (opposé à *tūirya-* et à *anairya-*), v. perse *ariya-* dans *Dārayavāuš ariyačiθra* « Darius de famille aryenne » ; ce nom est connu des Grecs (Ἄριοι) et des Arméniens (*Arikh*), et il subsiste encore ; *Ērān* (prononcé maintenant *īrān*), le nom que porte aujourd'hui le pays des *Aryas* occidentaux, représente un génitif pluriel *aryānām.

skr. *ár(i)yaḥ* désigne le peuple dont la langue est le védique ; peut-être a-t-on aussi *árya-* ; le mot *ár(i)yaḥ* est identique au mot iranien, à la vṛddhi près.

L'étymologie du nom n'est pas connue ; on peut, si l'on veut, rapprocher skr. *áryaḥ* « favorable »; rien ne prouve d'ailleurs qu'on doive le faire ; et le rapprochement est dénué d'intérêt (cf. BARTHOLOMAE, *IF* XIX, *Beiheft*, p. 108 et suiv.). On n'a aucun droit de rapprocher arm. *ari* « brave », qui ne doit sans doute pas être isolé de *aru* « mâle » et de *ayr* « homme (uir) ». Quant au rapprochement avec irl. *aire* (gén. *airech*) gl. *primas*, il est évidemment faux ; irl. *aire* ne peut être séparé de irl. *ar* « devant », cf. irl. *airchinnech* « princeps », gall. *arbennig* ; c'est un mot de la famille de gr. πέρι, πρό, etc., de lat. *prīmus*, etc. ; le **aryo-* sur lequel repose irl. *aire* se trouve aussi dans gaul. *Ario-(manus)*, composé dont le premier terme n'a par suite rien à faire avec le nom propre **Arya-* du peuple qui parlait l'indo-iranien.

Arya- est un nom propre, dont il n'y a pas lieu de rechercher le sens, mais dont l'existence atteste l'unité d'une population d'Indo-Iraniens, qui s'est divisée par la suite.

On peut donc déterminer sur ce cas bien établi à quel type de faits se reconnaît une communauté de ce genre postérieure à la séparation d'avec l'ensemble indo-européen : l'indo-iranien présente toute une série de particularités de détail qui ne se retrouvent nulle part ailleurs, et qui proviennent de la période de vie commune particulière au groupe. En voici quelques-unes qui ne sauraient être fortuites :

1° Les voyelles de timbre *e* et *o*, demeurées distinctes dans toutes les autres langues sans exception, se sont fondues dans le timbre unique *a* ; en entraînant la perte des alternances morphologiques de *e* et de *o*, cette confusion a modifié gravement tout le système des formes, elle a eu pour conséquence un développement important des alternances quantitatives qui se présentent sous la forme *ă* : *ā*. Cet ensemble de faits caractérise éminemment l'indo-iranien par rapport aux autres langues de la famille.

2° Le *ə* indo-européen, au lieu de se confondre avec **a* comme partout ailleurs (sauf partiellement en grec où il ne donne du reste jamais *i*), aboutit à *i*. Après et avant *y*, le même **ə* donne cependant *a*, même en indo-iranien.

3° Les groupes de la forme : sonore aspirée + sourde, aboutissent à : sonore + sonore aspirée (loi de BARTHOLOMAE) : *-bh + t-* donne *-bdh-*, *-bh + s-* donne *-bhz-*, etc. Les autres langues ont toutes d'une manière normale un traitement conforme aux règles ordinaires de l'indo-européen : la sonore aspirée s'assourdit devant sourde, comme toute autre sonore. Les traces – très rares – d'un traitement pareil à celui que définit la loi de BARTHOLOMAE et qu'on a essayé de retrouver dans les autres langues sont toutes ou fausses ou incertaines. Il est vrai que -θσκ- donne -σχ- en grec (πάσχω de *παθ-σκω), mais c'est un cas tout spécial, et qui n'autorise pas à poser une loi générale ; on explique gr. ἔσχατος par *eghs-qo- mais rien ne prouve que ἐξ repose sur *eghs : la forme locr. ἐχθός et les formes analogues représentent le traitement phonétique -χθ- de *-kst- en grec, et ἐχτός doit son *t* à l'analogie de ἐξτός ; si ἔσχατος est à tirer de ἐξ – ce qui n'est pas évident –, il suffit de poser *eks-ko- donnant *ἐσχο-. Quant à αἶσχος en face de got. *aiwiski*, si le rapprochement est exact, on en rendra compte soit par *aik^whskos donnant αἶσχος (type de πάσχω), soit tout simplement par *aik^wskos donnant αἶσχος (type de ἔσχατος). Le grec n'offre donc aucune trace de la loi de BARTHOLOMAE ; les autres langues n'en présentent pas davantage.

4° Tous les thèmes terminés par une voyelle : -*a*, -*ā*, -*i*, -*u*, ont le génitif pluriel en -*n-ām*. Pareille introduction de -*n*- ne se rencontre par ailleurs que dans certains dialectes germaniques, et là même pour certains types de thèmes seulement.

5° Les thèmes en -*ā* ont, à côté des formes en -*ā*-, des formes du type de gén.-abl. skr. -*āyāḥ*, v. perse -*āyā*, zd -*ayå* ; on retrouve, au moins en arménien et en celtique, trace de -(*i*)*y*-, à certains cas des thèmes en -*ā*-, mais nulle part le type -*āyā*-.

6° Les 3mes personnes de l'impératif ont un -*u* final ainsi skr. *bharatu* = zd *baratu* = v.perse *baratuv*.

7° Le parallélisme de certaines formations est absolu ; le pronom personnel de 1re personne en donne une idée :

SINGULIER	SANSKRIT	ZEND	VIEUX-PERSE
nominatif	*ahám*	*azəm*	*adam*
acc. tonique	*mā́m*	*mąm*	*mām*
acc. atone	*mā*	*mā*	

41

gén.-dat. atone	*me*	*me*	*maiy*
gén. tonique	*máma*	*mana*	*manā*
datif tonique	*máhya(m)*	*maibyā* (gāth.)	
ablatif	*mát*	*ma*	*ma*
PLURIEL	SANSKRIT	ZEND	V.PERSE
nominatif	*vayám*	*vaēm* (l. *vayim*)	
acc.-gén.- dat. atone	*naḥ*	*nō*	
acc. ton.	*asmā́n*	*ahma*	
génitif ton.	*asmā́kam*	*ahmākəm*	*amāxam*

etc.

Aucune langue indo-européenne ne présente, à beaucoup près, l'équivalent de coïncidences aussi complètes, et poursuivies dans un si menu détail, avec l'une des langues du groupe indo-iranien.

S'il existe de pareilles coïncidences de détail, il va de soi que les systèmes des deux groupes doivent être tout semblables dans leur ensemble ; et en effet on a construit, sur les fragments de textes subsistants, la grammaire de l'iranien ancien à l'aide de celle du sanskrit. Et, comme on l'a souvent répété, la simple application de quelques règles de correspondances phonétiques ou morphologiques permet de transformer tel passage de l'Avesta en un morceau védique presque correct, ou inversement. Les vocabulaires des deux groupes se recouvrent à peu près entièrement. Ainsi, en regard de *k_1 initial de toutes les autres langues pour le nom du « cœur » (arm. *sirt*, v.sl. *srŭdĭce*, lit. *šird̀is*, gr. καρδία et κῆρ, lat. *cor*, v.irl. *cride*, got. *hairto*), le sanskrit et l'iranien ont les représentants d'une sonore aspirée : skr. *hṛd-* et *hṛdayam*, zd *zərəd-* et *zərəδaēm*, pers. *dil*.

42

Ceci n'empêche pas que l'indien et l'iranien proviennent sans doute de parlers indo-européens différents, et dont la période de développement commun n'a pas suffi à déterminer la fusion totale. Les isoglosses de la chute de *∂ intérieur (v. chap. VIII) et du traitement *wy (v. chap. IX) passent entre l'indien et l'iranien ; et l'on constate certaines coïncidences de vocabulaire entre l'iranien et le slave, qui ne s'étendent pas au sanskrit. Les deux groupes, tout en se développant parallèlement, sont donc demeurés légèrement distincts.

Il n'apparaît pas qu'il y ait de rapports particuliers entre tel dialecte iranien et tel dialecte de l'Inde. Au premier abord on pourrait attacher à cet égard quelque importance à la coïncidence du traitement -*ō* de *-as* final en sanskrit et dans les prâkrits occidentaux, d'une part, et dans l'Avesta, qui est de l'iranien oriental, de l'autre. Mais il suffit d'examiner les faits de près pour reconnaître que le traitement zend et le traitement sanskrit sont indépendants l'un de l'autre.

En effet, le traitement -*o* (c.-à-d. -*ō*) du sanskrit est propre aux cas où -*s* se trouve devant une sonore suivante. Or, la loi générale du traitement des finales à l'intérieur de la phrase indo-iranienne est : sourde devant sourde, sonore devant toute sonore (occlusive, sonante ou voyelle proprement dite) ; ce traitement des finales se distingue de celui de l'intérieur du mot par ceci que, à l'intérieur du mot, les sourdes deviennent sonores devant occlusive sonore, mais demeurent sourdes devant sonante (voyelle ou consonne) ou voyelle, soit donc :

INTERIEUR	FINAL
-*asta*-	-*as ta*-
-*azda*-	-*az da*-
-*asna*-	-*az na*-
-*asya*-	-*az ya*-
-*asa*-	-*az a*-

ou, dans les cas où *s* devient *š* en indo-iranien :

-*išta*-	-*iš ta*-
-*ižda*-	-*iž da*-
-*išna*-	-*iž na*-
-*išya*-	-*iž ya*-
-*iša*-	-*iž a*-

C'est *-*az*, final devant un élément consonantique (consonne proprement dite ou sonante consonne) qui donne au sanskrit -*ō* final ; à l'intérieur du mot, indo-iran. *azda aboutit à skr. *eda* ; devant consonne, -*az* subsiste toujours en iranien à l'intérieur et à la finale ; on a ainsi, à la fin d'un premier terme de composé, c'est-à-dire dans une position où sont appliquées les règles de la fin de mot, skr. *ojo-dā́ḥ* « qui donne la force », mais zd *aogaz-dastəma*- « qui donne le plus la force ». Le traitement final skr. -*o* de indo-iran. *-*az* est donc parallèle au traitement de -*azd*- intérieur donnant skr.-*ed*-, et l'on conçoit que dans les prâkrits orientaux (*Māgadhī*), -*e* se trouve à la finale aussi bien qu'à l'intérieur du mot.

L'-*ō* final avestique s'est réalisé dans de tout autres conditions et par un tout autre procès. Ce n'est pas un traitement particulier ; c'est le traitement de tout *-*as* final, à la pause comme à l'intérieur de la phrase. Le zend n'a pas, comme le sanskrit, des règles de sandhi compliquées ; sauf les mots étroitement liés dans la prononciation, il n'a qu'un traitement pour tous les cas ; or, ce traitement n'est pas le traitement sonore ; dans les cas où *s* a passé à *š*, on a partout -*iš*, -*uš*, -*xš*, -*fš*, etc. ; de même que *-*ts* est représenté par -*s* : *hąs*, *stavas*, *pourutās*, *gaδōtūs*, etc. Ce n'est donc pas *-*az*, (traitement ancien devant sonores) qui a donné -*ō*. En réalité *-*as* final a passé à -*ah*, *h* étant le traitement universel de *s* en iranien partout où une consonne ne suit pas immédiatement (cas de -*as ča*, -*as te*) ; et en effet le vieux

44

perse a -*a*, c'est-à-dire -*ah*, comme représentant de indo-iran. *-as*. La fermeture de *a* devant *h* terminant la syllabe se produit dans les gāthās même à l'intérieur du mot : *asmi* donnant gâth. *əhmi*, *masmadi* donnant gāth. *məhmaidi* ; cette même voyelle *ə* est celle qui, dans les gāthās, représente *-ah* final issu de *-as*, constamment dans les monosyllabes (*hə*, *yə*, *nə*, etc.), et partiellement dans les polysyllabes : *vačə*, par exemple. Un *ā* a été parallèlement altéré en -*āə* (résolution de la ligature qu'on transcrit par *å̊*) devant -*h* final, de sorte que zd -*å̊* (c.-à-d. -*āə*) répond à skr. -*āḥ* final ; ici le traitement -*å̊ŋha*- de -*āsa*- est exactement conforme au traitement de *-āh* final (ancien *-ās*) ; et, comme *-āsi-*, *-āsu-* aboutissent à -*āhi-*, -*āhu-* on voit que c'est la nasale développée après *a* qui a provoqué la fermeture de cet *a* ; ceci concorde avec un fait connu de phonétique générale : les voyelles nasalisées tendent souvent à se fermer ; en zend même, *-am* donne -*əm*. On est amené ainsi à supposer que *-as* a passé à *-ah*, *-aŋh*, d'où *-ō(ŋh)*. Le développement de cette nasale tient à ce que *a* se prononce généralement avec le voile du palais peu ou pas relevé ; à l'intérieur du mot, le relèvement n'est pas maintenu devant un *i* ou un *u* suivant, si bien que *asa* donne *aŋha*, mais *asi* et *asu* deviennent respectivement *ahi* et *ahu* ; en fin de mot, aucune influence n'entravait le développement de la nasale, de sorte que le passage à -*ō(ŋh)* a eu lieu dans tous les cas. La seule difficulté que présente cette explication, c'est que, à l'intérieur du mot, la vocalisation du texte ne porte pas trace de fermeture de l'*a* devant la nasale de -*aŋha*- ; mais on sait que la vocalisation de l'Avesta est bien postérieure à la composition et à la fixation du texte par écrit ; d'ailleurs on conçoit que la nasale ait exercé une tout autre action là où elle est restée distincte de la voyelle que là où, en fin de mot, elle s'est fondue avec la voyelle en en faisant une voyelle nasale et en la fermant :

on a d'une part -*aŋha*- et de l'autre *-*ah*, aboutissant à *-*ǫh*, puis -*ō*.

Le traitement *-*o* de -*as* final devant consonne sonore en sanskrit et le traitement -*ō* de tout *-*as* final dans l'Avesta sont donc deux phénomènes radicalement indépendants l'un de l'autre.

Remarques complémentaires de la 2ᵉ édition

Le fait qu'on n'aperçoit guère de communautés partielles entre certains parlers indiens et certains parlers iraniens et que, par suite, toute continuité manque entre les deux domaines, n'a guère de valeur probante. Car, sur chacun des deux on ne connaît, à date ancienne, que peu de parlers.

Un trait cependant mérite d'être signalé à cet égard. L'indo-iranien tout entier tend à confondre *r* et *l*. Mais, si la tendance est indo-iranienne, la confusion ne s'est pas réalisée partout au même degré. Tout *l* de l'indo-européen a passé à *r* en iranien. Le même fait s'observe dans le nord-ouest de l'Inde, et, par suite, dans le Ṛg Veda, qui repose sur des parlers du Nord-Ouest. Mais *l* initial et intervocalique s'était maintenu dans des parlers indiens d'autres régions. De nombreux éléments de ces parlers se sont introduits peu à peu dans la langue littéraire qui s'est fixée sous forme de sanskrit classique. Ceci explique comment *l* figure déjà dans des parties récentes du Ṛg Veda et devient de plus en plus courant par la suite. Ainsi la racine *leubh- « aimer » de v.sl. *ljubŭ* « cher », etc., qui est inconnue à l'iranien et aux parties anciennes du Ṛg Veda, figure déjà une fois au maṇḍala X, avec son *l* : *lobháyantī*, et elle se trouve couramment en sanskrit classique. La racine *kʷel- de hom. τέλομαι, crét. τελεται, etc. est représentée dans le Ṛg Veda par *cárati*, qui est courant, et qui concorde avec zd *čaraiti* ; mais *calali* apparaît déjà dans l'Atharva Veda et devient courant par la suite. Dans le Ṛg Veda il a pénétré des formes à redoublement de caractère populaire : *ávicācaliḥ*, dans le maṇḍala X, et *calācaláḥ*, dans une partie récente du grand hymne à devinettes, I, 164, 48, qui n'a pas le caractère ordinaire du R̥g Veda. Le R̥g Veda a *právate*, tandis que le sanskrit classique a pris à des parlers orientaux de l'Inde *plávate*, qui apparaît dès le maṇḍala X du R̥g Veda. On observe donc ici une concordance entre l'iranien et les parlers indiens les plus voisins du domaine iranien, et une discordance avec des parlers indiens plus orientaux.

A partir du moment où ils ont été matériellement séparés, les uns se développant en Iran, les autres dans l'Inde, les parlers indiens et iraniens ont évolué en des sens différents. L'indien a conservé les sonores aspirées ; l'iranien les a perdues. L'indien a conservé une articulation ferme des consonnes, surtout à l'initiale ; l'iranien a affaibli l'articulation, créant de nombreuses spirantes sourdes et sonores, faisant passer *s* initial et intervocalique à *h*. Les mots de la phrase indienne étaient liés les uns aux autres dans la prononciation ; les mots de la phrase iranienne étaient nettement isolés. Aussi les deux groupes, très semblables d'abord, ont-ils divergé de bonne heure et ont pris des aspects tout différents dès avant le début de l'ère chrétienne.

CHAPITRE III

L'italo-celtique

Les deux groupes de l'italique, à savoir le latin et l'osco-ombrien ont passé par une période de communauté postérieure à l'unité italo-celtique. Ceci est prouvé par une série de concordances de détail dont le caractère de singularité est frappant :

L'interrogatif-indéfini a fourni le relatif : le nominatif du relatif est v.lat. *quoi* (lat. *quī*) = osq. **poi**, ombr. *poi*, en regard de l'indéfini lat. *quis* = osq. **pis**, ombr. **pis-i** ; de même lat. *quid*, osq. **píd** d'une part, lat. *quod* et osq. *pod* de l'autre se correspondent à la fois pour la forme et pour le sens.

Le pronom personnel osco-ombrien est mal connu ; mais on a les datifs, et le parallélisme y est complet :

LATIN	OSQUE	OMBRIEN
mihī		*mehe*
tibī	**t(i)feí**	**tefe** *tefe*
sibī	**sífeí**	

La 1re personne du singulier du verbe « être » est lat. *sum*, osq. **súm**.

Les formations d'adverbes sont toutes pareilles :

LATIN	OSQUE	OMBRIEN
probē(d)	*amprufid*	**prufe**
extrā(d)	**ehtrad**	
suprā(d)		*subra*

Le présent de la racine *dhē* a une même forme, dont voici par exemple la 3e personne du subjonctif :

LATIN	OSQUE	OMBRIEN
faciat	**fakiiad**	**façia**

Le type de skr. *dádhāmi*, gr. τίθημι, lit. *dĕsti* n'est pas représenté pour ce verbe, non plus que pour *iaciō* en face de ἵημι.

L'existence des mêmes formations de dénominatifs, comme dans osq. **úpsannam**, ombr. *osatu* et lat. *operārī*, ou dans osq. **prúfatted** et lat. *probāre*, suffirait à dénoncer une parenté intime du latin et de l'osco-ombrien.

Il y a aussi des faits sémantiques, comme le passage de la racine **deik-* « montrer » au sens de « dire » : lat. *dīcere*, osq. **deikum**, *deicum*, ombr. *deitu* « dicito ».

Ces menues coïncidences établissent la période d'unité italique ; c'est aussi cette unité qui explique le parallélisme complet des grammaires latine et osco-ombrienne ; de même qu'on a fait la grammaire iranienne ancienne à l'aide de la grammaire sanskrite, c'est à l'aide du latin qu'on a réussi à déchiffrer les textes osco-ombriens, tous épigraphiques, et dont aucune traduction ne donnait la clé. Les coïncidences des deux groupes sont multiples : les voyelles longues sont fermées ; les anciennes sonores aspirées sont représentées par des spirantes sourdes, puis la spirante *þ* est remplacée par *f* (toutefois ce fait n'est pas italique commun, comme le montre la dentale de lat. *media* en face de l'*f* de osq. **mefiú** ; il y a eu développement parallèle) ; *s* intervocalique devient sonore ; la nasale finale est -*m* et non -*n* comme en grec, en celtique et en germanique ; les voyelles brèves en syllabe finale tendent à tomber; la syntaxe est pareille.

Néanmoins, à la date où ils sont attestés, les parlers osco-ombriens, déjà très distincts entre eux, diffèrent du latin beaucoup plus que les anciennes langues iraniennes ne diffèrent du sanskrit : jamais en transcrivant purement et simplement de l'osque ou de l'ombrien en latin, on n'obtiendrait du latin correct ou même intelligible ; il résulte de là, pour le dire en passant, que le remplacement de ces langues par le latin a été un véritable changement de langue, et non une adaptation réalisée par voie de substitutions partielles, comme l'est par exemple le remplacement des patois français par le parler français littéraire commun qui s'opère actuellement dans toute la France du Nord.

Avant l'unité italique, il y a eu une unité plus lointaine encore et plus malaisément saisissable, l'unité italo-celtique. Cette unité n'est pas attestée par la conservation d'un nom propre commun comme l'est celle des Indo-Iraniens, ou Aryens. Mais certaines institutions particulières en sont peut-être encore la trace (v. l'article posthume de Julien HAVET, *Revue Celtique*, XXVIII, p. 113 et suiv. avec la note d'introduction de M. D'ARBOIS DE JUBAINVILLE). Et en tout cas, il ne manque pas de coïncidences caractéristiques au point de vue linguistique.

1° Le passage de $p...k^w$, à $k^w...k^w$, qui est constant :

lat. *quīnque*, irl. *cóic*, gall. *pimp*, bret. *pemp*, gaul. πεμπέ-(δουλα) « quinte-(feuille) » en regard de gr. πέντε, skr. *páñca*, arm. *hing*, lit. *penkì*, etc.

lat. *coquō*, gall. *pobi*, en regard de skr. *pácati*, v.sl. *pekǫ*, gr. πέπων, πέσσω.

lat. *quercus*, *querquētum* en regard de v.h.a. *forha*, v.angl. *furh*. Le nom propre *Ἑρκύνια, qui est celtique, n'est pas nécessairement en contradiction avec la loi ; le passage de *$k^w u$- à *ku peut être antérieur à l'assimilation de p initial à k, intérieur ; de là le maintien de p qui a disparu ensuite comme tout p celtique commun. Au surplus, l'étymologie d'un nom propre n'est jamais sûre.

La loi est invérifiable en osco-ombrien : on n'a pas le moyen de déterminer si le p de osq. **púmperiais** « quinturiis », Πομτιες **Pùntiis** « Quintius » et de l'ombr.

pumpeřias et **puntes** « pentade » repose immédiatement sur *p* ou sur *kʷ* ; la seconde hypothèse semble certaine a priori. La même observation s'applique au mot *popīna* (= lat. *coquīna*), que le latin a emprunté à l'osque.

2° Le traitement *ar, al* de i.-e. *°*r*, *°*l* alors que i.-e *ŗ* et *ḷ* donnent ital. *or, ol* et celt. *ri, li* c'est-à-dire autre chose ; toutes les langues voisines ont un même timbre vocalique dans les deux cas (gr. αρ et ρα [ou αρ], germ. *ur*, lit. *ir* ou *ur*, etc.) :

irl. *scaraim* « je sépare », gall. *ysgar* « séparation », ombr. **kartu** « distribuito », **karu** « part, chair », lat. *carō*, cf. v.h.a. *scoran*, lit. *(at-)skirai* ; c'est la racine de v.h.a. *sceran*, gr. χείρω, arm. *kherem*.

lat. *uarus* = lit. *vìras*.

britton. *garan* « grue », gaul. *(tri-)garanus* « (aux trois) grue(s) » ; cf. serbe *ždrâl* et *ždrào* de *žĭravŭ* ; gr. γέρανος, lit. *gérvė*, v.sl. *žeravĭ*, etc.

gall. *malaf* « je mouds », ombr. **(ku-)maltu** « *commolito* », cf. arm. *malem*, et, avec vocalisme *e*, irl. *melim*, v.sl. *meljǫ* ; avec vocalisme *o*, got. *mala*, lit. *malù*, et, avec vocalisme *e* ou *o*, lat. *molō*.

lat. *salix*, irl. *sail* (gén. *sailech*) n'est un exemple probant qu'autant qu'on rapproche gr. ἑλίκη ; si, avec M. SOLMSEN, l'on sépare le mot grec, rien ne prouve que l'*a* de *salix*, *sail* et de v.h.a. *salaha* ne soit pas un ancien *°a*.

De même *°n* donne *an* en celtique et en italique dans divers exemples (déjà indiqués pour la plupart dans MEILLET, *De radice *men-*, p. 7, et depuis, par M. HIRT, *IF* XXI, p. 167 et suiv.), notamment dans :

lat. *maneō*, en regard de gr. μένω, μεμένηκα ; irl. *anaim*, bret. *(eh-)anaff* sont assez énigmatiques.

lat. *manus*, ombr. **manuv-e** « dans la main », osq. *manim* ; cf. v.isl. *mund*.

irl. *tana*, bret. *tanau*, cf. gr. τανυ-, ταναός ; le lat. *tenuis* a un *e* radical, comme lit. *tenvas*.

lat. *canō*, ombr. **kanetu**, irl. *canim*, gall. *canaf* ; on n'a pas le degré *e* de cette racine ; mais on en a le degré *o* dans gr. κόναθος (et got. *hana* « coq », lit. *kañklès*, sorte d'instrument à cordes, v. LESKIEN, *Bildung der Nomina*, p. 498), et le degré *ō* dans lat. *ci-cōnia*, prénestin *cōnca*, v.h.a. *huon*.

Toutefois ce traitement *an* de *°n prouve peu, parce que, d'une part, *an* est le traitement de *n en celtique dans la plupart des cas (seul l'irlandais a *in* en certaines positions), et que, d'autre part, le traitement n'est pas constant en latin : *°ni aboutit à lat. *ini* :

sine, cf. irl. *sain* « séparément », et skr. *sanutár*, got. *sundro*.

cinis, cf. gr. κόνις.

3° Génitif en *-ī* des thèmes en *-o* : lat. *uirī* = v.irl. *fir* ; irl. ogam. *Maqi* ; gaul. *Segomari*, génitif de *Segomaros*. Les dialectes brittoniques n'ont pas conservé le génitif. L'osco-ombrien a remplacé la forme en *-ī* par une forme en *-eis* empruntée aux thèmes en *-i-* ; mais c'est sans doute à *-i* que ce *-eis* a été substitué. — Le génitif en *-ī* est extrêmement caractéristique de l'italo-celtique, parce qu'il ne se retrouve d'une manière sûre nulle part ailleurs (l'hypothèse sur le thessalien proposée par J. SCHMIDT, *KZ* XXXVIII, p. 29 et suiv. a cependant été repoussée récemment par M. KRETSCHMER [*Glotta*, I, p. 58 et suiv.] qui maintient son rapprochement avec certaines formes messapiennes) et parce que, ne présentant pas la voyelle thématique *e/o* qui se trouve dans tout le reste de la flexion, il est entièrement isolé dans la déclinaison de ces thèmes.

4° Passif en *-r* ; sur le détail des formes, v. G. Dottin, *Les désinences verbales en -r-* ; le prétérit est obtenu au moyen d'une même forme nominale, l'adjectif en *-to-* :

lat. *cantātus est*, v.irl. *(ro)cét* « il a été chanté », osq. **teremnatust** « terminata est ».

Les verbes à désinences ordinairement moyennes ont reçu l'*r* du passif, ce qui a constitué le déponent ; cette forme, qui est une combinaison des désinences moyennes et de la caractéristique -*r*, est une innovation strictement propre à l'italo-celtique. — Fait très remarquable : les 1res personnes telles que lat. *loquor* et v.irl. *labrur* se ressemblent de près. — Le type lat. *loquitur* et le type v.irl. *labrithir*, °*labrathar* ont aussi même structure ; nulle part, ni en italique, ni en irlandais, il n'y a au présent trace des désinences primaires en *-*tai*, du type skr. *sácate*, gr. ἕπεται (et got. *bairada*) ; le latin a, il est vrai, la 1re personne du singulier en *-*ai* au perfectum indicatif : *tutudī* = skr. *tutude* mais c'est une désinence de parfait ; on a constaté que le parfait a généralisé en quelques cas des désinences moyennes, qui peuvent n'être pas conservées par ailleurs ; le slave, qui n'a rien gardé de toutes les désinences personnelles moyennes au présent, a -*ě* dans l'unique forme personnelle de parfait qu'il présente : *vědě* « je sais » ; et, comme les autres langues ont, pour ce parfait, la forme active (skr. *véda*, gr. ϝοῖδα, got. *wait*), le v.sl. *vědě* indique une généralisation de la forme moyenne dans tout le parfait slave à une époque préhistorique ; le vieil irlandais ne connaît de même que les désinences du déponent aux 1re et 3e personnes du pluriel de certains de ses prétérits. — La 1re personne du pluriel, lat. *loquimur*, v.irl. *labrimmir*, °*labrammar*, n'a rien à faire avec la désinence moyenne skr. -*mahi*, gāth. -*maidī*, gr. -μεθα, et est faite sur la 1re personne active ; et la 2e personne du pluriel, qui est en latin empruntée à une forme nominale (*loquiminī*), ne se distingue pas de la forme active en irlandais : v.irl. *labrithe*, °*labraid*. La coïncidence de l'italique et de l'irlandais pour le déponent va donc jusque dans le dernier détail. Il y a ici une innovation commune décisive (cf. PEDERSEN, *KZ* XL, p. 170).

5° L'irlandais et le latin ont en commun deux formes de subjonctif qui leur sont propres ; la concordance de l'une de ces formes serait déjà caractéristique ; la concordance des deux a une valeur comparable à celle de l'innovation du déponent :

α. Formation en *-ā-* : lat. *feram*, v.irl. *bera* (et formes correspondantes en osco-ombrien). Sur l'irlandais, v. J. VENDRYES, *Gramm. du v. irl.* § 331, p. 173.

β. Subjonctif en *-s-* : v.irl. *tíasu, téis* (v. J. VENDRYES, *Gramm. du v. irl.* § 332, p. 173 ; et § 336, p. 176 et suiv.) ; lat. *dīxim, faxim* (et *dīxō, faxō*). Le type *faxim* n'a évidemment rien à faire ni pour la forme ni pour le sens, avec le système du perfectum, où l'on tente souvent à tort de le faire figurer ; et *dīxim* est tout autre chose que *dīxerim*. Ces subjonctifs en *-s-* ne présentent pas les caractéristiques des présents correspondants et constituent des thèmes autonomes, ainsi lat. *faxim, faxō*, en face de *faciō* ; *ausim*, en face de *audeō*, et de même v.irl. *-ges*, en face de *guidim* « je prie ». — C'est un subjonctif en *-s-* qui fournit le futur osque, type **fust**. On peut être tenté de rapprocher le futur du type *faxō* du futur grec, par exemple *dixō* de δείξω ; mais il y a là sans doute une coïncidence fortuite, car tout l'ensemble du futur latin se compose d'anciens subjonctifs, et d'autre part les faits latins sont visiblement inséparables des faits irlandais. D'ailleurs le futur indo-européen n'apparaît que dans les langues où il y a un participe futur, à savoir l'indo-iranien, le baltique (et un peu le slave), le grec ; à en juger par le védique, le participe était la principale forme du futur indo-européen[1].

---

[1] Addition en fin de volume : un trait essentiel à noter est que le subjonctif en *-ā-* ou en *-s-* de l'italo-celtique est indépendant à la fois du thème du présent (infectum latin) et de celui du prétérit. Le

Le futur latin des verbes dérivés tels que *amābō*, *monēbō*, *audībō*, fal. *carefo*, *pipafo* a son correspondant exact dans le futur irlandais en -*b*, -*f*- ; le rapprochement a été contesté, mais pour des raisons qui ne semblent pas entièrement valables, ainsi que l'a reconnu M. VENDRYES qui se réserve d'examiner la question en détail.

6° Formation du superlatif : lat. *maximus* ; osq. **nessimas** « proximae », ombr. *nesimei*, v.irl. *nessam*, gall. *nesaf* ; et type lat. *facillimus*, gaul. Οὐξισαμη, v.irl. *dílem*. Les autres langues ont une autre formation : skr. *svādiṣṭhaḥ*, gr. ἥδιστος, v.h.a. *suozisto*.

7° Le suffixe *-tei*- est élargi par un suffixe nasal ; lat. *nātiō*, ombr. *natine* (ablatif), v.irl. *toimtiu* (gén. *toimten*) « pensée ». L'arménien a de même une forme -*uthiwn* (gén. -*uthean*), il est vrai ; mais il y a ici un suffixe complexe, proprement arménien, tandis que les faits italiques et celtiques sont exactement pareils les uns aux autres.

8° Le vocabulaire est en partie identique ; il y a coïncidence pour quelques mots très importants, notamment pour des prépositions et préverbes :

lat. *dē* = irl. *dí*, britt. *di*

cum = *com* (et *co*- = *co*)

ou encore :

īmus, cf. irl. *ís* « en bas » et *ísel*, gall. *isel* :

et certains substantifs :

lat. *pectus*, irl. *ucht* (gén. *ochta*).

terra, irl. -*tír* (thème en -*es*- ; v. VENDRYES, *MSL* XIII, p. 384).

lat. *ueru*, ombr. **berus** (abl. plur.), v.irl. *bir*, britt. *ber* (les mots des autres langues qu'on a rapprochés [v. en dernier lieu LIDÉN, *IF* XIX, p. 325] n'ont exactement ni le même sens ni la même forme).

---

vieux latin a, par exemple, *ad-uenam* en regard de *ueniō*, *uēnī*, et le vieil irlandais °*bia* en regard de *benaim*.

L'adjectif lat. *crispus*, gall. *crych* (même sens), gaul. *Crixos* (nom propre) est propre à l'italo-celtique.

Les anciens noms du « fils » et de la « fille » ont disparu et ont été remplacés par de nouveaux mots : lat. *filius* et *filia*, irl. *macc* (gén. ogam. *maqqi* et *maqi*), britt. *map* « fils » et irl. *ingen* (ogam. *inigena*) « fille ». Lat. *filius* et *filia* sont tirés de l'idée de « nourrir », et le mot celt. *mak^{w}k^{w}o*- a l'air d'un mot du langage enfantin, ainsi que l'indique sa consonne géminée.

Le démonstratif de l'objet éloigné est caractérisé par *t-* en italique et en partie en celtique seulement (v. BRUGMANN, *Demontrativ-pronomina*, p. 83, dans les *Abhandlungen* de l'Académie saxonne, vol. XXII).

Toutefois, il ne faudrait pas exagérer l'importance de ces concordances de vocabulaire. Par exemple, la liste des verbes forts de l'irlandais (v. VENDRYES, *Gr. du v. irl.*, § 400, p. 210 et suiv.) ne coïncide que pour une très petite partie avec la liste des verbes forts latins.

La ressemblance générale de la grammaire italique et de la grammaire celtique est encore assez sensible, bien qu'elle soit dissimulée par les altérations très fortes et très nombreuses que chacun des deux groupes a subies de son côté. La grammaire irlandaise à laquelle on en est réduit à comparer la grammaire latine est du reste celle d'une langue attestée un grand nombre de siècles après le latin et parvenue à un degré plus avancé de développement, ce qui rend la comparaison malaisée et peu précise.

Pas plus que l'unité indo-iranienne n'exclut le passage de lignes d'isoglosses entre le sanskrit et l'iranien, l'unité italo-celtique n'exclut le passage de lignes d'isoglosses entre l'italique et le celtique ; ainsi plusieurs particularités communes au grec et à l'italique ne se retrouvent pas en celtique, comme on le verra par la suite.

Il y a une ressemblance particulière entre l'osco-ombrien et le celtique, dans le traitement des labio-vélaires :

$*g^w$ donne également b en osco-ombrien et en celtique. Mais, si le fait se présente identique dans les deux groupes, c'est presque évidemment par suite d'un développement indépendant ; car le k^w est d'abord demeuré q (attesté dans les inscriptions ogamiques), puis est devenu k en gaélique. D'ailleurs le traitement labial des labio-vélaires est un phénomène tout naturel, qui se retrouve d'une manière indépendante en grec, et que d'autres langues présentent à diverses dates : on le constate par exemple en roumain, parmi les langues néolatines.

Remarques complémentaires de la 2e édition

Le mémoire de M. WALDE, *Ueber älteste sprachliche Beziehungen zwischen Kelten und Italikern* (Innsbruck, 1917) n'emporte pas la conviction. M. WALDE croit que le brittonique a des rapports spéciaux avec l'osco-ombrien, et le gaélique avec le latin. Mais sa thèse se heurte à l'évidente unité du groupe italique, d'une part, du groupe celtique, de l'autre. Ses arguments n'ont, du reste, pas de valeur probante.

Le passage de k^w à p a pu se produire indépendamment en brittonique et en osco-ombrien, comme il s'est produit indépendamment en grec ou en roumain. Si, du reste, pour la sourde, le passage n'a pas eu lieu en gaélique, c'est qu'il offrait une difficulté spéciale, par suite de l'absence du p en celtique ; pour la sonore, le gaélique représente $*g^w$ par b tout comme le brittonique. La situation spéciale du gaélique pour $*k^w$ tient sans doute à ce que le gaélique tend vers la prononciation sourde : w initial y tend vers f, non vers g^w comme en brittonique, et t intervocalique vers $þ$, non vers d ; dès lors le ^{w} de la sourde k^w agissait en gaélique moins qu'en brittonique.

L'absence de déponent en brittonique peut tenir à l'état avancé du développement où sont connus les parlers brittoniques ; dans l'irlandais, plus archaïque, le déponent se raréfie au cours de la période historique. Quant à l'osco-ombrien, le manque d'exemples du déponent peut y être accidentel : on n'a que très peu de textes. Du reste, on a toujours interprété ombr. *persnimu* comme un déponent, comparable à lat. *precator*, et la façon dont M. WALDE écarte cet exemple n'a aucune évidence. — L'état dans lequel est connu le brittonique est comparable à l'état roman du latin ; or, les langues romanes ignorent le déponent.

CHAPITRE IV

Le balto-slave

L'unité balto-slave est l'une de celles que personne ne conteste, et en effet la ressemblance générale du baltique et du slave est évidente. Pourtant, à regarder de près, les innovations et les particularités singulières communes aux deux groupes sont moins probantes qu'elles ne paraissent tout d'abord.

Pour apprécier exactement les faits, il convient de noter tout d'abord deux faits généraux :

1° Le baltique et le slave sont les représentants de parlers indo-européens sensiblement identiques : aucune ligne d'isoglosses notable ne passe entre le baltique et le slave, c'est-à-dire que le baltique et le slave ne se trouvent jamais de part et d'autre des lignes qui marquent la limite des particularités par lesquelles se distinguent les dialectes de l'indo-européen commun ; une identité aussi totale ne se retrouve, on l'a vu, à l'origine indo-européenne ni de l'indo-iranien, ni de l'italo-celtique.

2° Le baltique et le slave présentent ce trait commun de n'avoir subi, au cours de leur développement, aucune fracture brusque du système. L'indo-iranien a confondu les timbres de *e* et de *o*, et brouillé ainsi toute une partie des alternances vocaliques employées en morphologie. Le grec a éliminé *s* et *y* intervocaliques, et a simplifié d'une manière radicale la déclinaison, notamment, en en éliminant les cas à sens *réel*, et ne gardant que les cas grammaticaux (nominatif, vocatif, accusatif, génitif, datif). L'accent initial a bouleversé la phonétique latine. Rien de semblable en slave ni en baltique ; aucun fait n'autorise à supposer qu'il y ait eu à aucun moment une dislocation grave d'aucune partie du système linguistique. La structure phonétique a gardé son aspect d'ensemble ; même les consonnes intervocaliques qui, presque partout ailleurs, ont été plus ou moins altérées sont restées à peu près intactes à la fois en baltique et en slave ; et par suite le baltique et le slave sont les seules langues dont certaines formes actuelles présentent des mots qui ressemblent à ceux qu'on est amené à « restituer » quand on pose l'indo-européen commun : lit. *gývas* « vivant » ou *ěsti* « il est », r. *pekú* « je cuis », *semená* « les semences », *nová* « nouvelle » ont encore en gros l'aspect des mots indo-européens qu'ils représentent.

Partis d'un point de départ identique et n'ayant subi par la suite aucune déviation systématique, s'étant d'ailleurs développés dans des régions voisines et dans des conditions pareilles de civilisation, le baltique et le slave ne peuvent manquer d'avoir une très grande ressemblance d'aspect général. Cette ressemblance est encore soulignée par le fait que la plupart des emprunts de mots faits par le baltique l'ont été au slave ; la similitude des vocabulaires, et même des procédés de dérivation, grande dès le début, s'est trouvée ainsi accrue dans une large mesure.

Ceci posé, on peut passer en revue les principaux arguments invoqués en faveur de l'existence d'une unité balto-slave, en recherchant s'ils suffisent à établir une période de communauté balto-slave postérieure à l'unité indo-européenne. Dans sa *Kurze vergleichende Grammatik*, § 11 (p. 18 de la trad. française), M. BRUGMANN invoque les faits suivants :

1° Les liquides et nasales voyelles *$\dot{r}$*, *$\dot{l}$*, *$\dot{n}$*, *$\dot{m}$* ont donné en baltique *ir*, *il*, *in*, *im* (ou aussi *ur*, *ul*, *un*, *um*) ; le slave commun a en regard *$*^i r$*, *$*^i l$*, *ę* (ou *$*^{\breve{u}} r$*, *$*^{\breve{u}} l$*, *ŭ*). La coïncidence est réelle ; mais il n'en résulte sans doute pas que le baltique et le slave aient eu un développement commun après l'époque indo-européenne. Car il semble que le timbre de la voyelle accessoire qui se joint à la sonante voyelle ait été fixé dès l'indo-européen, et qu'il y ait là un fait dialectal de date indo-européenne. Sans doute la plupart des langues divergent à cet égard ; toutefois le grec et l'arménien s'accordent à présenter le timbre *a* de la voyelle accessoire ; et, en ce qui concerne les nasales, ce même timbre se retrouve en indo-iranien : *$\overset{\circ}{n}$ est représenté par indo-iran. *a*, gr. α, arm. *an*, et *$\overset{\circ}{m}$ par indo-iran. *a*, gr. α, arm. *am*. Des voyelles fermées, *i* et *u*, apparaissent au contraire en celtique (pour *$\overset{\circ}{r}$ et *$\overset{\circ}{l}$ donnant *ri* et *li*) en germanique (*ur*, *ul*, *un*, *um*), en baltique et en slave. On aperçoit donc ici les grandes lignes d'un groupement dialectal indo-européen, difficile à préciser dans le détail. — Et surtout, en ce qui concerne le traitement balt. *ŭr*, *ŭl*, sl. *$^{\breve{u}}r$, *$^{\breve{u}}l$, le point de départ du timbre *u* est sûrement indo-européen, comme on l'a déjà remarqué ; car le timbre *u* se retrouve même dans des langues qui ont ordinairement développé d'autres timbres pour la voyelle accessoire :

v.sl. *krŭma* (r. *kormá*) « poupe », cf. gr. πρύμνη ;

lit. *surbiù*, cf. lesb. ῥυφέω.

v.sl. *grŭlo* (r. *górlo*, s. *gr̂lo*), lit. *gurklȳs* (acc. *gùrklį̃*), cf. lat. *gurges* ; de même *$^{\circ}l$ est représenté par *ul* dans les mots de même famille : lat. *gula*, arm. *e-kul* « il a avalé » (l'*u* de arm. *ekul* a peu de chances de reposer sur un ancien *$\bar{o}$).

Les exemples de ce genre sont peu nombreux, et l'on n'en saurait déterminer la valeur exacte ; mais ils suffisent du moins à établir que la fixation du timbre de la voyelle accessoire a commencé dès l'indo-européen. Cette voyelle était assurément très brève ; car, encore en sanskrit, i.-e. *$\overset{\circ}{r}$ et *$\overset{\circ}{l}$ sont représentés par *$\overset{\circ}{r}$, qui est une brève, et *$\overset{\circ}{n}$, *$\overset{\circ}{m}$ sont représentés en indo-iranien par la brève *ă*, en grec par la brève *ă* ; i.-e. *$\overset{\circ}{r}$ devait être quelque chose d'analogue à ce que décrivent certains grammairiens hindous comme étant la prononciation de skr. *$\overset{\circ}{r}$: 1/4 de voyelle + *r* + 1/4 de voyelle ; il y a là des éléments vocaliques extrêmement brefs dont le timbre avait déjà, dans les parlers indo-européens, un timbre médiocrement net sans doute, en raison du peu de durée du son, mais quelque peu défini cependant ; ce timbre, on l'a vu, tendait à différer suivant les régions. Le parallélisme de balt. *ir* et sl. *^{i}r*, balt. *ur* et sl. *^{u}r*, etc. remonte donc à l'époque indo-européenne commune.

2° Le baltique et le slave s'accordent à ne pas admettre les consonnes géminées. Mais c'est le résultat d'une tendance indo-européenne commune ; en baltique et en slave, cette tendance a continué d'agir et a complètement abouti ; il en a été sans doute de même en arménien, où, avant la chute de *i* et *u* et l'emprunt de certains mots étrangers, il ne semble y avoir eu aucune consonne géminée ; les autres langues n'ont pas conservé la tendance indo-européenne. En ce qui concerne l'indo-européen, on sait que les consonnes géminées y tiennent peu de place : la plupart de celles qu'on rencontre appartiennent aux hypocoristiques et aux mots du langage enfantin, soit par exemple le type de gr. γύννις (v. W. SCHULZE, *Lat. Eigennamen*, p. 520, et une observation de M. BRUGMANN, *IF* XXII, p. 191, parue durant l'impression de cet ouvrage), ou de v.h.a. *zocchōn* (v. TRAUTMANN, *Germanische Lautgesetze*, p. 62 et suiv.), ou le type de gr. ἄττα « papa », lat. *atta*, skr. *attā*, got. *atta*, v.h.a. *atto* v.irl. *aite* (avec *t* et non *th*, donc ancien *tt*). En dehors de ces cas tout particuliers, l'indo-européen tendait à éliminer les consonnes géminées : on verra ci-dessous, dans un chapitre spécial, comment le groupe *-tt-*, souvent amené par la morphologie, a eu des traitements dialectaux divers en indo-européen ; et *-ss-* a été éliminé dès l'indo-européen dans l'exemple connu : skr. *ási*, zd *ahi*, gr. εἶ, en regard de hom. ἐσσι, v.lat. *ess* (reconnaissable grâce à la mé-trique), arm. *es* ; l'indo-iranien a aussi un locatif pluriel des thèmes en -*es*- : skr. -*asu*, zd -*ahu*, au lieu de la forme attendue -*as-su*.

L'élimination des consonnes géminées a donc son origine en indo-européen même.

3° L'adjectif déterminé lit. *geràs-is* est tout à fait comparable à v.sl. *dobrŭ-jĭ* (*dobryjĭ*). Toutefois les deux types ne sont pas exactement pareils dans le détail, et l'importance n'en est pas la même dans les deux langues. Et surtout l'emploi du thème **yo-* sur lequel reposent ces adjectifs, qui sont de véritables juxtaposés, se retrouve dans l'Avesta, à la place des mots près :

Y. XXXV, 4 *tāiš šyaoθanāiš yāiš vahištāiš* « par ces actions excellentes » représente un type zend normal ; le fait essentiel est l'accord en cas de **yo-* avec le substantif et l'adjectif ; cet accord a lieu en iranien tout comme en baltique et en slave.

4° Les participes actifs masculins ont passé à la flexion en **-yo-*, ainsi : gén. sing. lit. *vẽžančio* = v.sl. *vezǫšta*. Le passage résulte de l'influence des féminins en **-yā-*, qui sont indo-européens ; il était très naturel, et l'on en retrouve l'équivalent exact en germanique occidental : v.angl. *berende*, v.sax. *berandi*, v.h.a. *beranti*. Ce changement n'est d'ailleurs qu'une conséquence d'une innovation générale : les adjectifs tendent à prendre les formes du type vocalique plus tôt que les substantifs : le lituanien n'a comme adjectifs que des thèmes en *-a-* et des thèmes en *-u-* ; le slave, plus avancé encore, n'a que des thèmes en *-o-*, avec le féminin correspondant. On pourrait alléguer la conservation des anciens nominatifs singuliers masculins : lit. *vežãs*, v.sl. *vezy* ; mais le gotique où, sous l'influence du comparatif, le participe a passé aux thèmes en *-n-* a aussi conservé le nominatif singulier du type *bairands* (à côté de *bairanda*).

5° L'intercalation de *-i-* dans les formes telles que lit. *akmeni-mìs*, et v.sl. *kámen-ĭ-mŭ* n'a rien de caractéristique ; car on retrouve des intercalations pareilles dans lat. *ped-i-bus* (dont l'*-i-* est, il est vrai, ambigu, et peut représenter une voyelle brève quelconque), arm. *ot-i-wkh*, etc. Et, en baltique comme en slave, l'identité des accusatifs singuliers et pluriels dans les thèmes en -*i*- et les thèmes consonantiques s'est réalisée phonétiquement, facilitant ainsi le rapprochement des deux séries, qui aurait pu du reste avoir lieu même sans cette circonstance.

6° Les thèmes de démonstratifs **to*- et **tā*- ont remplacé par les formes analogiques lit. *tàs* et *tà*, v.sl. *tŭ* et *ta* les anciennes formes du type : skr. *sá* et *sā̃*, gr. ὁ et ἡ, got. *sa* et *so*. Mais c'est une innovation très simple, et qui résulte de la tendance commune à normaliser que présentent le baltique et le slave. Le vieux saxon a de même *thē*, *thia*, le vieux haut allemand *der*, *diu*.

7° Les datifs lit. *manei*, *mán*, v.pruss. *mennei* ne répondent à v.sl. *mĭně* ni pour le vocalisme de la première syllabe ni pour celui de la finale ; les formes slaves et baltiques fournissent ici un bel exemple des innovations parallèles, mais indépendantes, qui caractérisent les deux groupes.

8° Le génitif-ablatif singulier *vil̃ko* recouvre exactement le v.sl. *vlĭka*, et tous deux répondent à l'ablatif skr. *vŕkāt*. Cette confusion du génitif et de l'ablatif résulte de ce que, dans tous les types autres que le type thématique, le génitif et l'ablatif singuliers ont une seule et même forme ; le grec s'est servi du génitif des thèmes en -*o*- pour l'ablatif ; le baltique et le slave ont fait l'inverse ; il n'est pas évident qu'il y ait là un développement remontant à une période de communauté, car le vieux prussien, avec son génitif *deiwas*, n'y participe pas ; les démonstratifs divergent beaucoup : le lituanien a l'ancien ablatif *tõ* pour génitif, mais le vieux prussien a *stesse* (ancien génitif, cf. skr. *tásya*, hom. τοῖο) et le slave la forme nouvelle *togo*. Tandis que la forme italoceltique à -*ī*, tout à fait isolée et singulière, est très probante, la généralisation de l'ablatif, facile à expliquer par un développement indépendant, ne prouve rien.

Les faits invoqués établissent donc seulement que le baltique et le slave ont eu des développements parallèles ; ce parallélisme a eu pour conséquence naturelle la création de quelques formes identiques, mais ces innovations semblables n'attestent pas une période de développement commun. Un bel exemple des innovations parallèles et indépendantes qui caractérisent ces langues est fourni par le déplacement d'accent d'une tranche douce sur une tranche rude suivante, qu'a découvert M. F. DE SAUSSURE en lituanien, et qui se retrouve en vieux prussien et dans les dialectes slaves. Ce déplacement a eu lieu de manière indépendante en lituanien, en vieux prussien et en slave. A l'égard du lituanien et du vieux prussien, l'indépendance résulte du fait signalé par M. BEZZENBERGER (*KZ* XLI, p. 74 et suiv.), que le déplacement prussien se produit d'une longue douce sur une rude suivante, mais non d'une brève sur une rude suivante : v.pr. *antrā, imtā, piencktā*, mais *maddla, tikra* (en face de lit. *tikrà*), *wissa* (en face de lit. *visà*). Quant au slave, la valeur du fait invoqué dans *MSL* XI, p. 350 et suiv., a été contestée par M. PEDERSEN, *KZ*, XXXVIII, p. 335, mais l'objection ne semble pas convaincante (cf. *Arch. f. slav. Phil.*, XXV, p. 426). M. VONDRÁK (*Vergl. slav. Gramm.* I, p. 206, n. 1) admet que le type serbe *kȍpām* résulte d'un retour secondaire de l'accent sur l'initiale, et c'est sur ce recul d'accent, admis par M. ŠAXMATOV (*Izvestija* de la section de langue et littérature russes de l'Académie, VI, i, 229 et suiv.), que reposent aussi les objections de M. KUL'BAKIN *Izvestija* XI, iv, 269 et suiv.). D'après M. KUL'BAKIN, on devrait avoir *ȍd jezy̆kā, *zàpitāš* parce que l'accent ne se maintient pas sur une syllabe intérieure d'intonation douce ; il est impossible d'examiner ici en détail l'emploi de l'accent dans les groupes de préposition plus nom et de préverbe plus verbe ; mais il n'est pas démontré, tant s'en faut, que cet emploi reconnaisse des causes phonétiques (cf. *IF*, XXI, p. 341 et suiv.) ; au surplus, le serbe *pòhvālīš* où il n'y a eu aucune contraction, se comporte exactement comme *zàpitāš* où il y en a eu une, et rien ne permet de contester l'antiquité de l'accentuation de s. *hvâlīš*. — Quant au *ĕ* de *jĕzīkā*, qui n'est pas correct phonétiquement, il s'explique évidemment par l'influence de tous les autres cas où il y a e bref : gén. sing. *jèzika*, etc. — On ne voit donc pas qu'aucune objection décisive ait été produite qui détruise la preuve alléguée en faveur du caractère dialectal du déplacement de l'accent.

Même en dehors des emprunts, le vocabulaire slave et le vocabulaire baltique présentent beaucoup de concordances : mots qui ne se retrouvent nulle part ailleurs, ou mots qui ont en baltique et en slave une forme différente de celle qu'ils affectent dans les autres langues.

Comme mots qui ne se retrouvent pas ailleurs, on peut citer : v.sl. *blŭxa* = lit. *blusà* — *lipa* (r. *lípa*, s. *l̀ipa*, tch. *lípa*) = lit. *líepa* — *dzvĕzda* (pol. *gwiazda*), cf. lit. *žvaigzdĕ*, v.pruss. *swāigstan* — *glava* (anciennement oxyton au nominatif ; cette oxytonaison a entraîné un changement de l'intonation radicale), cf. lit. *galvà* (*gálvą̄*), v.pruss. *gallū-* — *rǫka* = *rankà*, v.pruss. *ranco* (cf. lit. *renkiù*) — *rogŭ* = *r̃agas*, v. pruss. *rags* — *alŭkati* (*lakati*), cf. lit. *álkti*, v.pruss. *alkīns* — *metǫ*, cf. lit. *metù* et *metati*, *mĕtati* cf. lette *mētāt* — *ladĭji* (r. *lódja*, pol. *łodzia*, s. *lâđa*), cf. lit. *eldija* (v. LESKIEN, *Bildung*, p. 317 ; Juškevič accentue *éldija*, ce qui est surprenant ; les mots sont parents, mais non identiques : on notera l'absence du mot indo-européen commun **nāw-* dans les deux groupes slave et baltique). — La concordance d'un nom tel que le nom du « fer », v.sl. *želĕzo* (r. *želézo*, s. *žèljezo*, pol. *żelazo*), lit. *geležìs*, v. pruss. *gelso* (v. LESKIEN, *Bildung*, p. 234) montre que la communauté de civilisation doit être pour beaucoup dans ces coïncidences, car il s'agit ici d'un objet qui n'avait pas de nom indo-européen.

Les mots qui ont des parents dans les autres langues, mais dont la forme baltique et slave ne se retrouve pas exactement identique ailleurs, sont nombreux. En voici quelques exemples : v.sl. *aba*, lit. *abù*, v. pruss. *abbai* (en regard de gr. ἄμφω), lat. *ambō* — skr. *ubhaú*, gāth. *ubā* — got. *bai*) — *ovĭnŭ, ãvinas, awins* — *nogŭtĭ, nagùtis, naguts* — *zemlja, žēmė, semmē* – *zvěrĭ, žvèrìs, swīrins* (acc. pl.) — *vrata, vartaĩ, warto* — *plušta* (slov. *pljuča*), *plaũčiai, plauti* — *ratajĭ, ártojis, artoys* — *smrŭděti, smirděti* — *nagŭ, núogas* — *milŭ, míelas* — *vĭsĭ* (de **vĭsŭ*), *vìsas, wissas* — *ziemà, žiemà* — *sladŭkŭ, saldùs* (cf. arm. *khałc'r* « doux ») – *sivŭšývas, sīwan* — *jis* et *jiz* (pol. *s, z*), *isz* — *vydra, ūdra* (les deux mots avec *ū*) — *vetŭxŭ, vetušas* — *vecerŭ, vãkaras* — *ziždǫ, žiedžiu*. Cette liste, déjà significative, pourrait facilement être allongée.

Mais, souvent aussi, on a les mêmes mots, avec des variantes légères, et qui remontent à l'époque indo-européenne : le slave a *dĭnĭ* et le lituanien *dienà* – le slave a *dvĭri* et le lituanien *dùrys* – etc. Et, si le slave et le lituanien s'accordent pour *osmŭ* = *ãšmas* « huitième », le parallélisme de v.sl. *sedmŭ* « septième » avec lit. *sẽkmas*, v.pruss. *septmas* suppose néanmoins une différence initiale, qui, comme le prouve gr. ἕ͂δδομος, est de date indo-européenne. L'« épaule » se dit lit. *petỹs* (racine de gr. πετάννῡμι) et v.sl. *plešte* (racine de gr. πλατύς, ὠμοπλάτη) : le procédé est le même, et aussi le suffixe, mais les noms diffèrent.

On conclura que le baltique et le slave ont eu des points de départ exactement identiques, qu'ils se sont développés dans les mêmes conditions et sous les mêmes influences ; peut-être même y a-t-il eu une période de communauté plus ou moins longue, mais où le slave et le baltique, qui sont les langues indo-européennes les plus conservatrices, n'ont pas introduit d'innovations notables. Il suffit d'examiner le verbe pour apercevoir que, de bonne heure, les deux développements ont été indépendants : en gros tout est pareil, c'est le même verbe à deux thèmes, la même structure d'ensemble ; mais dans le détail tout est distinct ; les prétérits diffèrent du tout au tout ; la nasale des verbes à nasale est suffixée en slave, infixée en baltique ; l'*i* du type *mĭnĭtŭ* est long en slave, l'*i* du type *mĭni* bref en lituanien, et ainsi de tout. Le baltique et le slave fournissent un bel exemple de deux développements parallèles, mais depuis longtemps autonomes.

Remarques complémentaires de la 2ᵉ édition

Ce chapitre a été discuté plusieurs fois, de manière détaillée, d'abord par M. PORZEZIN'SKI, *Rocznik slawistyczny*, IV, p. 1 et suiv., et par M. ENDZELIN, *Slaviano-baltijskie ètiudy* (Charkov, 1911) ; puis par ROZWADOWSKI, *Roczn. slaw.*, V. 1 et suiv. On se permet de renvoyer le lecteur à ces études approfondies. M. ENDZELIN et M. ROZWADOWSKI, tout en critiquant le détail des vues exposées ici, et en exposant beaucoup de vues neuves, arrivent à des conclusions voisines. Assurément le slave et le baltique sont très proches l'un de l'autre. Les flexions nominales, en particulier, sont semblables. Mais il y a aussi de fortes différences, surtout dans le verbe (v. *Revue des études slaves* II, p. 38 et suiv.). Et rien ne prouve, de manière décisive, qu'il y ait eu une unité nationale balto-slave comparable à l'unité « aryenne (indo-iranienne) ». Les faits linguistiques indiquent plutôt l'unité diffuse, à peine perçue, de tribus voisines les unes des autres et vivant en des conditions semblables. M. N. VAN WIJK, étudiant les effets de la loi de F. DE SAUSSURE en slave, est arrivé à des conclusions pareilles à celles que j'ai proposées sur l'indépendance du déplacement d'accent en slave et en baltique ; voir *IF* XL, p. 1 et suiv.

CHAPITRE V

Les gutturales

La théorie des gutturales est trop connue pour qu'il y ait lieu de la résumer ici. Abstraction faite de toute question litigieuse, il est maintenant établi que, à une labio-vélaire telle que lat. *qu*, l'indo-iranien par exemple répond par une gutturale pure telle que *k* (resp. *c* devant prépalatale) et que, à une prépalatale mouillée et altérée par suite de la mouillure, telle que skr. *j*, zd *z*, arm. *c*, etc., le latin répond par une gutturale pure *g*. Appartiennent au type indo-iranien, à ce point de vue, outre l'indo-iranien : le slave, le baltique, l'arménien (avec le phrygien et le thrace), l'albanais ; appartiennent au type latin : le grec, l'italique, le celtique, le germanique (et aussi sans doute l'illyrien). On distingue ainsi, en ce qui concerne les gutturales, un groupe oriental et un groupe occidental. Les deux traitements considérés vont toujours ensemble ; et la ligne d'isoglosses qui les définit a par suite une grande importance, car elle résulte de la concordance parfaite de deux lignes distinctes. Sans doute la perfection de la concordance tient à ce que les deux faits sont connexes et se conditionnent en quelque mesure l'un l'autre, mais elle n'en garde pas moins une signification.

Aux deux concordances signalées, il en faut même ajouter une autre ; en plus des correspondances déjà notées (lat. *c* répondant à skr. *ś*, et skr. *k* [*c*] répondant à lat. *qu*), on en observe une troisième :

Skr., *k* (*c*) = lat. *c*.

De quelque manière qu'on interprète le fait, qu'on pose une troisième série de gutturales, ce qui est l'hypothèse simpliste de la plupart des linguistes, ou qu'on cherche à expliquer la correspondance par des faits particuliers, comme l'ont tenté M. BARTHOLOMAE, puis l'auteur du présent ouvrage, et enfin M. HIRT, il y a en tout cas ici une troisième ligne qui coïncide exactement avec les deux premières. Le traitement des gutturales est un dans chacun des groupes considérés, et il n'y a pas de chevauchements.

Pour déterminer la signification de ces lignes, il est nécessaire de savoir de quel côté est l'innovation. On conçoit aisément comment k^w peut perdre son appendice labio-vélaire et passer à k ; le fait se produit dans chacun des dialectes occidentaux en certaines conditions spéciales, et même l'un des dialectes celtiques, le gaélique, ne connaît que c (c.-à-d. k) comme représentant de l'ancien $*k^w$ occidental, et le celtique tout entier semble représenter i.-e. occidental $*g^wh$- par g-. De même on conçoit bien qu'une prépalatale prononcée nettement en avant subisse spontanément les altérations du type skr. j, arm. c, et zd z, sl. z, lit. $\check{z}$, etc. ; l'arabe par exemple représente par j le g sémitique ; le dialecte arménien du Karabagh présente une évolution analogue à son début (v. *Journal asiatique*, 1902, I, p. 562 et suiv.) ; l'altération des prépalatales est déjà parvenue à un degré très avancé dans les formes attestées du groupe oriental, ainsi pour la sourde : skr. $\acute{s}$, zd s, v.sl. s, lit. $\check{s}$, arm. s, etc. ; mais on entrevoit encore des formes beaucoup plus archaïques ; le sanskrit représente par k l'ancienne prépalatale devant s qui devient $\check{s}$, ainsi la 2e personne de *vésmi* est *vékṣi* ; en slave, quand le mot renferme à l'intérieur s, la prépalatale est dissimilée en gutturale : v.sl. *gọsĭ* en face de lit. *žạsìs*. Skr. j et arm. c pour la sonore simple, arm. j pour la sonore aspirée attestent encore, sinon le stade premier g' de la prépalatale, du moins le second stade, celui de la semi-occlusive, qui, par un hasard surprenant, n'est pas conservé pour la sourde. Enfin le traitement perse θ (spirante dentale sourde) et d remonte aussi nécessairement à la prononciation semi-occlusive qui a dû être à un certain moment celle des anciennes prépalatales dans tous les dialectes orientaux ; il en est de même d'une partie des traitements albanais. — C'est donc du côté des dialectes orientaux qu'il y a innovation commune ; le groupement de l'indo-iranien, de l'arménien, du slave, du baltique et de l'albanais qui ont modifié en un même sens un état plus ancien est bien établi par là ; le groupement du grec, de l'italique, du celtique et du germanique est moins solidement prouvé, puisque, dans le cas des gutturales, le seul considéré dans ce chapitre, ces langues conservent en gros l'état préindo-européen.

Les dialectes orientaux tendent à conformer le point d'articulation de leurs gutturales pures à celui des voyelles suivantes : *ko*, mais *ke*. L'aboutissement naturel de cette tendance est la prononciation semi-occlusive des prépalatales ainsi produites. On l'observe en indo-iranien et en slave d'une manière constante ; mais ce n'est pas un fait oriental commun, car, si le lette le présente, les deux autres dialectes baltiques : le lituanien et le vieux prussien, gardent l'occlusive prépalatale ; et si l'arménien représente par *je, ji* le **g'h* de **g'he, *g'hi* orientaux, il conserve régulièrement *ke* de **g'e* (ainsi dans *e-ker* « il a mangé ») et *khe* de **k'e* (ainsi dans *kherem* « je gratte, j'écorche ») ; *č'* peut toujours reposer sur *ky*, ainsi dans *ač'-kh* « yeux », cf. hom. ὄσσε. A plus forte raison peut-on affirmer que l'opposition hellénique de τε issu de **k^we* et πο issu de **k^wo* n'a rien à faire avec les traitements indo-iraniens et slaves : l'examen du grec même suffit à le montrer, car certains parlers grecs ont le traitement π devant les voyelles de timbre *e*, ainsi éol. πήλυι en face de τῆλε des autres dialectes, éol. πέσσαρες, béot. πέτταρες en face de dor. τέτορες, att. τέτταρες, ion. τέσσερες. Du reste le traitement dental des labio-vélaires n'a lieu en grec que devant les voyelles de timbre *e*, et non devant ι (témoin βιός « arc », ὄφις, etc.), ce qui établit entre le traitement grec et celui de l'indo-iranien ou du slave une distinction essentielle. Enfin le passage à la prononciation semi-occlusive a lieu également pour les gutturales qui répondent à des gutturales pures et à des labio-vélaires occidentales ; or les correspondants grecs κ, γ, χ de gutturales pures orientales ne passent jamais à la dentale, soit gr. γέρανος en face de v.sl. *žeravĭ*.

Si, avec l'auteur du présent ouvrage et avec M. Hirt, on admet que le type de correspondances orient. **k, *g, *gh* = occid. **k, *g, *gh* repose sur **k₁, *g₁, *g₁h* influencés par des phonèmes précédents ou suivants, on voit que la tendance à conformer le point d'articulation des gutturales à celui des phonèmes voisins est ancienne dans le groupe oriental. Et il est en effet très remaquable que des traces plus ou moins notables de la pronociation prépalatale des gutturales devant voyelle prépalatale se rencontrent dans tous les groupes orientaux, comme on vient de le voir.

Il y a une coïncidence curieuse de l'arménien avec le grec (et peut-être d'autres dialectes occidentaux). Après *u*, le grec n'admet pas les labio-vélaires, sauf intervention de l'analogie ; M. F. DE SAUSSURE a expliqué ainsi le contraste de αἰ-πόλος, οἰο-πόλος, ἀμφί-πολος et de βου-κόλος ; le grec a aussi εὔχομαι, en regard de lat. *uoueō*, ombr. **vufetes** « consecratis » et de gâth. *aogədā* « il a dit ». De même, après *u*, l'arménien n'a que les représentants des anciennes prépalatales, ainsi arm. *usanim* « j'apprends », en regard de v.sl. *vyknǫti, učiti*. Si frappante qu'elle soit, la concordance est peut-être fortuite. D'une part, en effet le traitement grec est contesté (v. OSTHOFF, *IF* IV, p. 281) ; et, s'il est authentique, il semble s'être réalisé au cours de l'histoire propre du grec ; car on a κύκλος en face de skr. *cakrám*, lit. *kãklas*, v.angl. *hweogol, hweohhol*, c'est-à-dire qu'un υ, créé en grec même, a exercé cette action sur un *kʷ* suivant. D'autre part, l'arménien a *awcanem*, « j'oins » en regard de skr. *anákti* et de lat. *unguō* et *awj* « serpent » en regard de lit. *angìs*, lat. *anguis*, donc les représentants des anciennes prépalatales après une diphtongue en *u*, où l'*u* est issu — dans des conditions obscures — d'une nasale indo-européenne. Si néanmoins on admet le rapprochement du fait arménien avec le fait grec supposé, il en résulterait une ligne secondaire d'isoglosses qui croiserait la grande ligne du traitement des gutturales.

Le passage des labio-vélaires à la prononciation labiale a lieu dans une notable partie des dialectes occidentaux ; mais il s'est réalisé séparément dans chacun. En effet, le grec a τ devant les voyelles de timbre *e* ; des dialectes italiques, l'osco-ombrien a le passage à la prononciation labiale, mais le latin l'ignore entièrement ; en celtique, l'irlandais a *c* pour représenter l'ancien k^w, et la sonore aspirée $g^w h$ est représentée par *g* en celtique commun, comme l'a vu M. OSTHOFF ; le germanique enfin n'a la labiale que dans certaines conditions particulières, et conserve normalement les labio-vélaires. Le traitement labial des labio-vélaires n'a donc pas le caractère d'un fait dialectal occidental ; la fréquence de ce traitement indique seulement que la prononciation occidentale des labio-vélaires était de nature à rendre aisé ce type de changement. Au surplus, les labio-vélaires paraissent avoir été un élément phonétique assez instable ; les dialectes orientaux les ont éliminées dès l'époque indo-européenne ; et, soit par passage à la prononciation vélaire, soit par réduction à de simples gutturales (ainsi en latin vulgaire, d'où fr. *qui*, it. *chi*, etc., en regard de lat. *quī*), les dialectes occidentaux les ont, à leur tour, éliminées au cours d'une période plus ou moins avancée de leur développement ; seuls quelques dialectes germaniques ont encore aujourd'hui *qu*, issu de i.-e. $*g^w$.

CHAPITRE VI

Les voyelles o *et* a

Le celtique, l'italique, le grec, l'arménien (et le phrygien) distinguent régulièrement *ă* et *ŏ*, et ne les confondent que dans certains cas particuliers, peu nombreux et rigoureusement définis, et variables d'une langue à l'autre ; à ces deux voyelles distinctes, les autres dialectes répondent toujours par une seule voyelle, qui est de timbre *a* en germanique, albanais, baltique et indo-iranien, de timbre *o* en slave. Cette ligne dialectale croise donc celle des gutturales : l'arménien va ici avec le grec, l'italique et le celtique, tandis que le germanique concorde avec l'albanais, le baltique, le slave et l'indo-iranien. Ceci n'a rien de surprenant : chacune des lignes qui marquent les limites dialectales, dites ici lignes d'isoglosses, est indépendante des autres, comme le montrera la suite de ce travail.

Avec son timbre *o*, le slave semble se distinguer des autres langues du même groupe ; mais ce timbre n'est pas nécessairement ancien. Immédiatement avant l'époque historique, le slave avait une voyelle brève *o* qui servait à la fois d'*o* et d'*a* ; cet *o* rendait par exemple, dans les emprunts, *o* et *a* des langues voisines (grec, germanique et latin), ainsi dans *sobota* « samedi » ; inversement, des auteurs grecs du VIIe siècle rendent assez souvent par gr. α l'*o* slave, comme l'a montré M. KRETSCHMER (*Arch. f. slav. Phil*, XXVII, p. 128 et suiv.) ; M. VASMER, *KZ* XLI, p. 157 et suiv., a affaibli la portée des faits signalés, qui avait été exagérée par M. KRETSCHMER ; mais il n'a pas réduit cette valeur à zéro ; et il subsiste que l'*o* slave du VIIe siècle était une voyelle de timbre intermédiaire entre *o* et *a* ; dans les emprunts populaires, l'α grec est rendu par sl. *o* ou *a* dans des conditions qu'il n'y a pas lieu de rechercher ici, par exemple, v.sl. *korabljĭ*, de gr.

καράβιον (ou plutôt καράβιν). Un *a* ancien a pu aisément donner un pareil *o*, et il n'y a pas lieu de mettre le slave à part dans le groupe de dialectes dont il fait partie à ce point de vue.

Les voyelles *ō* et *ā* sont distinctes dans les mêmes dialectes qui distinguent *ŏ* et *ă* ; on notera seulement que, dans les dialectes celtiques, l'*ō* accentué passe à *ā* ; comme l'accent n'est pas à la même place dans les divers dialectes du groupe, l'*ā* occupe aussi des places différentes ; ainsi l'*ā* brittonique de v.gall. *petguar*, bret. *pevar* (cf. got. *fidwor*) ne saurait se retrouver en irlandais, où l'accent est sur l'initiale. — De plus *ō* et *ā* sont demeurés distincts en albanais, où *ō* est représenté par *e*, et *ā* par *o*. Enfin le letto-lituanien a, mais dans un certain nombre de mots seulement, *uo* qui représente *ō, tandis que *ā est toujours représenté par lit. *ō*, lette *ā*, qui répondent aussi à une partie des *ō indo-européens. En indo-iranien, en slave, en vieux prussien et en germanique, la confusion de *ā* et de *ō* est complète, d'où : indo-iran. *ā*, sl. *a*, v.pruss. *ā*, germ. *ō*. La confusion de *ō* et *ā* ne s'étend donc pas tout à fait aussi loin que celle de *ŏ* et *ă*, ce qui est naturel puisque les voyelles longues sont plus stables que les brèves de par leur quantité longue ; mais elle n'a lieu que là où *ŏ* et *ă* se confondent. Ici encore apparaît l'indépendance des lignes d'isoglosses.

Reste à savoir si la confusion de *o* et de *a* est déjà indo-européenne dans les langues indiquées ; ce n'est pas évident ; mais la continuité des deux domaines est telle que le début de la tendance à la confusion ne peut guère ne pas être indo-européen, et que la confusion même était peut-être achevée déjà, au moins en ce qui concerne la brève[1].

---

[1] Addition : un détail vient appuyer l'hypothèse que sl. *o* représente un *ă* du slave commun. La diphtongue *ei* se confond entièrement avec *ī*, en slave comme en germanique. Et, de même qu'en germa-

Pour l'indo-iranien, on opposera la loi posée par M. BRUGMANN, suivant laquelle *o (alternant avec *e) serait représenté par $\bar{a}$ en syllabe ouverte de l'indo-iranien. Mais cette loi ne semble pas pouvoir être maintenue, en dépit de tous les essais de correction, comme on s'est efforcé de le montrer (*MSL* IX, p. 142 et suiv. ; XI, p. 11 et suiv. ; XIII, p. 250 et suiv. ; XIV, p. 190 et suiv.). Des exemples isolés comme skr. *dámaḥ* = gr. δόμος, skr. *kalá* (cf. lit. *skalà* et *skeliù*), *divā-karáḥ* (cf. *cárati*) suffisent, semble-t-il, à écarter l'hypothèse de M. BRUGMANN.

A l'égard du germanique, qui est tout à l'extrémité du domaine de confusion des timbres *o* et *a*, et où par suite il ne serait pas surprenant que la confusion totale eût été achevée plus tard qu'ailleurs, on a invoqué certains cas où, en syllabe inaccentuée, un *o se serait maintenu jusqu'à l'époque historique. Mais l'*o* inaccentué de noms propres transcrits par des étrangers, comme *Langobardi* prouve très peu ; il n'y a pas non plus de conclusion précise à tirer de formes telles que v.h.a. *tagum*, etc. ; il semble y avoir dans tous ces cas une action des labiales sur les voyelles inaccentuées (v. EULENBURG, *IF* XVI, p. 35, et la bibliographie citée) ; si même ces *o* sont anciens, ils ne prouvent pas qu'il n'y ait pas eu confusion de *a* et *o* ; car le traitement de *a* en cette position est inconnu, faute d'exemples. — D'autre part, on a supposé que *k^w se serait délabialisé en germanique devant un ancien *o, tandis que assurément *k^wa demeure avec la

nique, la diphtongue *ou ou *au, représentée par sl. *u*, est demeurée distincte de *$\bar{u}$, représenté par sl. *y*, le passage de *$\bar{u}$ à sl. *y* étant d'ailleurs récent, puisque les mots slaves empruntés au germanique y prennent part. Si le traitement de la diphtongue en *u* n'est pas parallèle à celui de *ei*, c'est que le degré d'ouverture du premier élément composant était plus grand, et qu'il faut partir de *au, non de *ou. Ce qui montre bien d'ailleurs que la diphtongue *au (d'où *ou, $\bar{u}$) s'est longtemps maintenue en slave, c'est que *j* ne l'altère pas : *jy passe à *ji*, mais *ju* (de *jau, puis *jou) subsiste, comme *jǫ*.

valeur labio-vélaire ; mais les exemples de cette délabialisation devant *o sont contestés et incertains (v. OSTHOFF, *Et. Parerga* I, p. 323) ; si l'on admet cette hypothèse, qui est douteuse, il n'en résulte même pas que la tendance à la confusion de o et a soit de date postérieure à l'indo-européen et proprement germanique : puisque les labio-vélaires sont de date indo-européenne, la délabialisation devant *o pourrait être, elle aussi, de date indo-européenne pour le dialecte qui a fourni le germanique.

La confusion de o et a fournit donc une ligne d'isoglosses nettement dessinée, et distincte de celle des gutturales.

CHAPITRE VII

Le groupe -tt-

Dans les cas où un élément morphologique se termine par une dentale et où le suivant commence par un *t*, on observe deux traitements différents suivant les langues : *ss* en italique, celtique et germanique, *st* dans les autres langues, y compris l'albanais (v. PEDERSEN, *KZ* XXXIX, p. 429 et suiv.), l'illyrien (v. JOHANSSON, *IF* XIV, p. 267 et suiv.), le thrace et le phrygien (v. *ib.*, p. 269). Pour l'arménien, on n'a pas d'exemples sûrs (faut-il rapprocher *xist* « dur » de *xit* « serré, pressé », et de skr. *khidáti* « il déchire, il serre » ?). Le sanskrit doit être discuté isolément. On citera par exemple : zd *hastō* en face de lat. °*sessus*, irl. *sess* « siège » – lit. °*éstas*, gr. (ἄρι-)στον : lat. *ēsus*, v.h.a. *ās*, irl. *ess*.

Ici l'italique, le celtique et le germanique ont une même innovation assez imprévue, et par suite caractéristique. La concordance des autres langues est moins instructive, bien qu'encore notable : le grec concorde avec les langues orientales, et non avec le groupe occidental constitué par l'italique, le celtique et le germanique.

Lorsque le second élément morphologique considéré commence par une dentale sonore ou sonore aspirée, le résultat est *zd*(*h*) dans les dialectes où l'on a *st* pour les dialectes occidentaux, aucun fait clair n'est attesté, et le traitement est difficile à déterminer ; on verra ci-dessous la discussion de lat. *crēdō*, v.irl. *cretim*. Exemple : gāth, *vōizdyāi* « pour connaître », lit. *veizdi* « vois », gr. ϝίσθι. En iranien, dans les conditions définies par la loi de M. BARTHOLOMAE, on a aussi *zd* ainsi, de la racine **bheudh-* avec le suffixe **-ter-* au féminin, zd *baozdri* « femelle qui apprend à connaître le mâle » ; le grec répond par -στ- naturellement : πύστις.

Un mot enfantin garde *tt* (ou le simplifie en *t*) dans les deux groupes dialectaux : occidental, lat. *atta* irl. *aite* (*t* supposant *tt* puisque *t* aurait donné ici *th*), got. *atta*, v.h.a. *atto* — oriental, gr. ἄττα, alb. *at*, ossète *æda*, v.sl. *otĭcĭ*. Le mot fait difficulté ; dire que ce traitement particulier est dû à ce que le mot appartiendrait au langage enfantin ne résout rien parce que le langage enfantin est propagé par les personnes qui ont atteint leur développement linguistique complet. En réalité, les règles relatives au traitement de **tt* (resp. **ddh*) ont le caractère de règles d'alternances morphologiques ; ces règles reposent sans doute sur une transformation phonétique très ancienne en indo-européen ; mais la règle d'alternance en question ne s'appliquait pas aux géminées du langage enfantin, qui pouvaient du reste avoir une autre prononciation que celles amenées par des rencontres morphologiques.

Il peut dès lors paraître surprenant que le sanskrit présente régulièrement *tt* dans les conditions où les autres langues ont, les unes *st*, les autres *ss* : *sattáḥ*, *vittáḥ*, *átti*, *véttha*, etc., ou avec *ddh* : *viddhí*, *buddíḥ*, *boddhar-*, etc. Mais, à regarder de près, on s'aperçoit que le sanskrit a éliminé les traces d'une altération de **tt* et **ddh* parallèle à celle des autres dialectes orientaux.

La chose est très nette en ce qui concerne le groupe sonore : à côté du traitement attesté par skr. *viddhí*, *buddíḥ*, on en trouve en effet un autre qui repose sur **-zdh-*, dans les quatre impératifs suivants en *-dhi* :

dhehí « pose », forme existant dans le Ṛgveda, en face de *dhattāt, dhattá, dhatsvá*.

dehí « donne », 10 fois dans le Ṛgveda, tandis qu'on y lit *daddhí*, 8 fois ; cf. zd *dazdi*. Le *d* a été parfois restitué sous l'influence de *dattá, dadmas, dádati* ; pareille restitution n'a pas eu lieu pour *dhehí*, parce que les formes *dadhmasi, dádhati*, ayant *dh* intérieur, et par suite *d* initial, étaient plus éloignées de *dhehí* (le *dh* de *dhehí* qui n'est pas phonétique, est dû à l'influence des autres formes de la racine *dhā-*, et s'est généralisé parce qu'il permettait de différencier *dhehí* « pose » de *dehí* « donne »).

bodhi « fais attention », forme athématique isolée dans la racine skr. *budh-* cf. toutefois les 3es pl. *ábudhram*, *ábudhran*.

yodhi « combats », 1 fois dans le R̥gveda ; cf. le participe *yodhānáḥ*, aussi athématique.

Ces quatre impératifs sont à peu près seuls à représenter le traitement phonétique *-zdh-* en sanskrit : les autres exemples invoqués sont au moins douteux. Mais partout où l'on trouve skr. *-ddh-*, c'est-à-dire dans à peu près tous les cas, c'est l'analogie qui en doit rendre compte. Si l'on admet que la 2e pers. plur. impér. *attá* est phonétique, on conçoit très bien comment *addhí* a pu être refait, et de même *viddhí, cíkiddhi, mamaddhí* ; et si le type *sattáḥ* est phonétique (en regard de zd *hastō*), la réfection de tout le type *buddhíḥ, buddháḥ* s'explique aisément.

Le skr. *śraddhā́* « foi », en face de *zradā-* fait au premier abord difficulté : mais en védique, le premier terme de ce juxtaposé avait encore une existence isolée : *śrát te dadhámi* ; ceci suffit à justifier la forme avec *ddh*. Le lat. *crēdō* et le v.irl. *cretim* (où le *t* est la graphie d'un *d* occlusif) sont des mots uns au point de vue latin et au point de vue irlandais ; mais on n'en saurait cependant déduire le traitement de *-ddh-* dans ces langues, puisque, au moment où s'est établi le traitement de la dentale géminée, les deux éléments pouvaient être encore – et étaient même sans doute – autonomes. Le mot lat. *crēdō* ne prouve pas plus pour le traitement de *-ddh-* en latin que la 3e personne *ēst* pour le traitement de *-tt-* (la forme phonétique est fournie par *ēsus*).

Le mot *addhā́* « en vérité », cf. v.perse et gâth. *azdā* est embarrassant ; si l'on en connaissait exactement la formation, qui est obscure, la solution apparaîtrait sans doute.

M. JOHANSSON, *IF* XIV, p. 310 et suiv., s'est efforcé de prouver que le traitement phonétique de *-tt-* en sanskrit est *-st-* comme dans les autres dialectes orientaux. Sauf peut-être une ou deux, les étymologies qu'il apporte à l'appui de sa théorie ne sont pas de nature à l'établir ; il s'agit d'étymologies plus ou moins douteuses, portant pour la plupart sur des mots rares et mal attestés ; or une étymologie n'a d'intérêt que si elle est évidente ; il est toujours possible de multiplier, autour d'une théorie quelconque, une série de rapprochements à peu près plausibles ; ces rapprochements deviennent admissibles si la théorie repose sur quelques faits sûrs ; là où tous sont plus ou moins dénués d'évidence, ils ne sauraient, malgré leur apparence de possibilité, rien prouver et n'ont aucune valeur.

Un fait est certain : l'indo-iranien n'a pas reçu *-st-* et *-zdh-* ; car on sait que *s* et *z* deviennent toujours *š* et *ž* après *i*, *u* et *r* en indo-iranien. Or, en iranien *-itt-*, *-utt-*, *-rtt-* aboutissent à *-ist-*, *-ust-*, *-rst-* : zd *vistō*, °*kərəstō*, etc. La même observation s'applique à *-ddh-* ; car le védique a *bodhi*, *yodhi*, et non *boḍhi*, *yoḍhi*, et le zend a *baozdri*. C'est donc *-t^{s}t-*, *-d^{ʒ}dh-* qu'a reçus l'indo-iranien.

Or, en sanskrit, une sifflante ou chuintante comprise entre deux occlusives tombe : en regard de *ábhakṣi*, on a *ábhakta*, cf. gâth. *bāxštā* ; en regard de *áchān*, *áchāntsuḥ*, on a *áchāntta* ; et **ut-sthitaḥ* aboutit à *utthitáḥ*. Dès lors le *tt* de skr. *úttaraḥ* = gr. ὕστερος peut représenter **t^{s}t* ; et comme en tout cas le stade **st* n'était pas encore atteint au moment de l'action de *i*, *u*, *r* sur *s* suivant, c'est bien *t^{s}t* qu'il faut poser comme forme indo-iranienne. Et l'aboutissement historiquement attesté *tt* de ce *t^{s}t* est ce qu'on doit attendre en sanskrit.

Le fait que phonétiquement *-d̑dh-* a abouti à skr. *-zdh-* (d'où *dhehí, dehí, bodhi, yodhi*) n'est pas une objection : la sonore *d* a une articulation moins intense que la sourde *t*, et *d̑h* a pu passer à *zdh*, sans qu'on soit obligé d'en conclure que *t̑t* devait donner *st*.

La conclusion de M. JOHANSSON ne s'impose donc pas *a priori*. Et en fait, elle doit être repoussée, car si l'on admet que l'ancien *t̑t* donne phonétiquement skr. *st*, on ne conçoit pas pourquoi ce traitement aurait été éliminé par l'analogie ; toutes les autres langues ont conservé le traitement phonétique *-st-* ou même le traitement plus singulier et obscur *-ss-* ; le sanskrit seul aurait entièrement aboli le type phonétique dans tous les cas où il est si bien conservé par ailleurs. Une fois donnée la 2e pers. plur. *attá* « mangez ! », on conçoit que la forme *addhí* « mange » soit créée par analogie ; mais aucune analogie n'imposait de substituer *attá* à un ancien *astá*. Là même où le système des formes a amené quelques innovations, comme en latin, la forme *-tt-* n'a pas été restituée, bien que la langue eût *tt* dans certains cas : *atta, attingō*, etc., et l'on a *ēst, ēstis* (la valeur des témoignages de grammairiens sur lesquels repose l'affirmation de la quantité longue dans *ēst : ēstis* est du reste contestée maintenant par M. VOLLMER, *Glotta* I, p. 113 et suiv.)

Un seul des exemples de M. JOHANSSON est propre à susciter un doute, c'est skr. *ásthi* (gén. *asthnáḥ*) « os », en face de zd *ast-*, pers. *ast*, gr. ὀστέον, arm. *oskr* (de **ost-w-er-* ?), et de lat. *os* (*ossis*) et *ossu, ossum* (le mot n'est pas attesté dans les autres langues à traitement *-ss-*). En partant de **ot̑th-* on expliquerait la forme latine qui est autrement très obscure, et d'autre part le skr. *ásthi* ne peut être que phonétique. Mais l'hypothèse de M. JOHANSSON devant être écartée pour les raisons indiquées, il faut expliquer le lat. *os* autrement : de même que l'on trouve en slave le thème en *-es- oko, ocese* (cf.

skr. *ákṣi*) en face du thème à suffixe zéro *ok-* du duel *oči*, on peut poser **osth-s-* pour expliquer lat. *oss-*, comme M. JOHANSSON lui-même l'a fait autrefois.

On conclura donc que le traitement indo-iranien de **-tt-*, **-ddh-* est **-tˢt-*, **-dᶻdh-* ; et c'est sans doute sur ces mêmes originaux que repose le *-st-*, *-zdh-* des autres dialectes orientaux. A ce traitement s'oppose le *-ss-* de l'italique, du celtique et du germanique.

CHAPITRE VIII

Traitement de ə

Tous les dialectes indo-européens s'accordent à re-présenter par ă (ou sl. ŏ, représentant de *ă) le phonème i.-e. *ə ; seul l'indo-iranien diverge, avec son *i* (skr. *pitā́*, zd *pita*, en face de gr. -πατήρ, lat. *pater*, v.irl. *athir*, got. *fadar*, arm. *hayr*) ; de plus le grec a ε ou ο dans les cas où *ə* alterne avec *ē* ou *ō* : τίθημι, τίθεμεν ; δίδωμι, δίδομεν ; etc., et cette déviation atteste que le timbre de *ə était encore mal défini au moment où a été fixé le traitement hellénique.

La débilité de *ə, phonème tout particulier dont M. F. DE SAUSSURE, dans son *Mémoire*, a lumineusement établi la singularité, ressort de diverses circonstances dont les principales sont les suivantes :

1° L'élément *ə ne subsiste jamais devant voyelle, et disparaît alors sans laisser de trace : skr. *ján-aḥ*, gr. γέ-νος, lat. *gen-us* en regard de skr. *jani-tā́*, gr. γενε-τήρ, lat. *geni-tor*. Une forme telle que διδόασι est une inno-vation proprement hellénique, et c'est le type véd. *d-úḥ* « ils ont donné », *dád-ati* « ils donnent » qui représente l'état indo-européen.

2° L'élément *ə se combine avec une sonante précé-dente non précédée elle-même de voyelle, et il en résulte les sonantes dites longues : *ū̆ et *ī̆ d'une part, *n̥̄, *m̥̄, *r̥̄, *l̥̄, de l'autre :

skr. *pū-táḥ*, lat. *pū-rus*, v. irl. *ú-nad* « purification », en regard de skr. *paví-tram* « moyen de purification ».

skr. *jā-táḥ*, lat. (g)*nātus*, gaul. °*gnātos*, en regard de skr. *janitā́*, etc.

skr. *pūrṇáḥ*, v.irl. *lá-n*, lit. *pìl-nas*, v.sl. *plŭ-nŭ* (serbe *pȕn*), en regard de véd. *pári-man-*.

Peu importe ici la nature indo-européenne de *n̥̄, *m̥̄, *r̥̄, *l̥̄, (sur la définition de ces symboles, v. A. MEILLET,

Introduct. à l'ét. comp. des langues i.-e, 2ᵉ édit., p. 94 et suiv.) ; le fait essentiel est que *ə se combine souvent avec la sonante qui précède.

Ces deux traits de *ə sont indo-européens communs ; mais un troisième trait, qui atteste également la débilité de *ə a un caractère dialectal.

3° A l'intérieur du mot (c'est-à-dire dans une syllabe qui ne soit ni initiale ni finale), *ə se maintient généralement en sanskrit d'une part, en grec, italique et celtique de l'autre, mais tombe toujours en iranien, slave, baltique, arménien et germanique. Le maintien de *ə en sanskrit n'atteste évidemment aucune parenté spéciale du sanskrit avec le grec, l'italique et le celtique, car il ne s'agit que de la conservation de l'état ancien ; mais la chute commune de *ə dans des langues géographiquement groupées : iranien, slave, baltique, arménien et germanique, est à noter, comme un fait dialectal important. L'exemple caractéristique est : skr. *duhitā́*, gr. θυγάτηρ, mais gâth. *dugədā* (dissyllabique), zd *duγδα*, arm. *dustr*, v.sl. *dŭšti*, lit. *duktē̃*, got. *dauhtar*. La chute de *ə a été assez ancienne pour que la loi de M. BARTHOLOMAE se soit appliquée en indo-iranien ; le persan a cependant *duxt*, *duxtar* ; mais la sourde peut s'expliquer par une influence du *t* de **mātar-*, **pitar-*, **brātar-* sur l'original vieux-perse de pers. *duxt* et *duxtar*.

En slave et en baltique, *ə tombe dans la syllabe intérieure du mot sans laisser aucune trace apparente après occlusive ; de là sl. *męsti* « troubler », en face de véd. *mánthitavai* ; lit. *splečiù*, *splė̃sti* et *splintù*, *splìtsti*, ou *plantù*, *plàsti*, et v.sl. *plesna* « plante de pieds » (de *plethəsnā), en face de skr. *prathi-mán-*, *pṛthi-ví́*, gr. πλατα-μών, Πλατα-ιαί, πλάτανος, gaul. *Lita-via*, v. irl. *letha-n* « large ».

Après sonante, M. F. DE SAUSSURE a reconnu pour le lituanien, et l'on a montré par la suite pour le slave, que la chute de *ə déterminait l'intonation rude de la diph-

tongue nouvelle ainsi produite, par opposition à l'intonation douce des anciennes diphtongues : i.-e. *ert donne
lit. *eȓt*, russe *éret*, serbe *rȉjet*, mais *erət donne lit. *ért*,
russe *erét*, serbe *rȅt*. Par exemple, en regard de lat. *moli-
tus*, on a lit. *málti* « moudre », russe *molót'* serbe *mljȅti*.
De même les sonantes longues *$\bar{n}$, *$\bar{m}$, *$\bar{r}$, *$\bar{l}$, qui se
composent de *n, *m , *r, *l plus *ə, donnent au baltique et au slave des diphtongues rudes, par contraste avec
les sonantes brèves *n, *m, *r, *l ; on a ainsi lit. *pìlnas*,
serbe *pȕn* en face de skr. *pūrṇáḥ*, v.irl. *lán*, mais lit.
vil̃kas, serbe *vûk*, en face de skr. *vŕkaḥ*. La chute de *ə se
traduit donc en baltique et en slave par des effets définis.
   En germanique, on ne voit pas que *ə intérieur soit
jamais conservé, et il y a des exemples où la chute de *ə
est certaine ; par exemple v.sax. *kind* de *genə-tó- ; en
face de gr. °πετά-ννῡμι, πέτα-λον, on a v.h.a. *fedel*(-*gold*)
et v.angl. (*gold*-)*fell* « feuille d'or » (soit *féþla- et *feðlá-)
et v.angl. *fæðm*, v.sax. *fathmos* « les deux bras étendus ».
Une forme telle que v.isl. *sørum* « nous avons semé »
s'explique donc par l'influence de *sørun* où -*un* représente *-ṇt, et ne repose pas directement sur *sesəmó,
comme on l'a parfois supposé. En dernière syllabe, il
semble que *ə ait donné *u* ; l'*u* de v.h.a. *anut* en face de
lat. *anas* (*anitis*) et de lit. *ántis* provient du nominatif
singulier ; c'est de même d'après le nominatif singulier
que, en regard de lit. *mélžu* « je trais » de *meləg-, on a
got. *miluks* « lait », v.h.a. *miluh*, v.angl. saxon *meoluc*, v.
isl. *miolk* ; la forme des autres cas est conservée dans
v.angl. *milc* (sur les formes de ce mot, v. en dernier lieu
OSTHOFF, *IF* XX, p. 177, avec les renvois bibliogra-
phiques). Pour les exemples de chute de *ə en germanique, cf. HIRT, *Ablaut* § 146. La chute de ə a sans doute
eu pour conséquence une forme des diphtongues,
d'abord différente de l'ancienne forme, comme en baltique et en slave ; mais la plupart des dialectes germaniques ont éliminé cette particularité ; toutefois le vieux

haut allemand en a sans doute encore quelques traces ; ainsi :

v.h.a. *halam*, à côté de v.isl. *halmr* ; cf. serbe *slǎma* russe *solóma* et gr. κάλαμος.

v.h.a. *birihha*, à côté de v.angl. *beorc*, cf. lit. *béržas*, serbe *brěza*, russe *berëza*.

Dans ces exemples, l'*a* de *halam*, l'*i* de *birihha* ne représentent pas directement *ə, mais une sorte de résonance provenant de la prononciation particulière de la diphtongue déterminée par la chute de *ə.

En dehors de *dustr*, l'arménien n'offre pas d'exemple décisif ; peut-être pourrait-on encore citer *gelmn* « toison », qui appartient à la famille de skr. *ūrṇā*, serbe *vǔna*, lit. *vìlna*, lat. *lāna*, et suppose par suite *welə- : le lat. *uellus* a subi l'influence du verbe *uellō*. Mais il n'y a pas d'exemple contraire, car l'*a* de *ara-wr* « charrue » peut répondre à l'*a* de lat. *arātrum*, *arā-re* aussi bien qu'au *ə de gr. ἄροτρον, lit. *árklas*, serbe *rȁlo*. Et l'on notera arm. *armukn* « coude », en face de skr. *īrmáḥ* et de serbe *rǎme* ; on n'a pas le moyen de déterminer si arm. *ar-* repose ici sur *r̥̄- ou sur *arə- ; mais dans un cas comme dans l'autre, *ə n'est pas représenté : arm. *ar* est le traitement de *r̥ bref, et les traitements de *r̥ et de *r̥̄ ne se confondent que dans les langues qui, comme le germanique, ont perdu *ə intérieur : got. *fulls* « plein », de *fulnaz*, suppose *pl̥(ə)nos*, avec chute de *ə. De même, on ignore si, dans arm. (*dr-*)*and-kh* « montants de porte », *an* repose sur *anə, cf. lat. *antae* (de *anətā-* avec syncope de *a* intérieur), ou sur *n̥̄, cf. skr. *ā́tāḥ* ; même dans le dernier cas, *ə est tombé, car arm. *an* est le traitement de *n̥ bref.

En ce qui concerne l'iranien, on a contesté la constance de la chute de *ə intérieur (v. HÜBSCHMANN, IF. *Anz.*, X, p. 45 et suiv.). Les exemples de chute de *ə sont clairs et indiscutables :

skr. *brávīti*   zd   *mraoiti*
    drávinaḥ   *draonō*
    tamisra-   *tąθra-* (pers. *tār*)
etc.

Les exemples contraires, en revanche, sont sans valeur. Il y a des aoristes en *-iš-* ; mais l'*i* s'y explique par un ancien *-i-* comme l'*i* de lat. °*līqu-is-tī*. Dans v.perse *hadiš* et zd *hadiš*, l'*i* représentant *ə (ou plutôt *i*) est en syllabe finale. Les exemples de zd *airime* « tranquillement » en regard du premier terme de composés *armaē-* sont tous dans des textes en prose, et l'on ne saurait affirmer que le mot ait trois syllabes en aucun passage. Il est vrai que *ə tombe parfois, même en première syllabe : gâth. *ptā*, *ptarəm*, *fðrōi*, en regard de zd *pita* ; mais la chute peut ici s'expliquer par l'existence ancienne de juxtaposés tels que véd. *dyaúṣ pitá́*, cf. lat. *Juppiter*. Il est vrai aussi que parfois *ə intérieur n'est pas représenté en sanskrit, ainsi : *dadmasi*, *dadmahe* ; mais l'analogie de la 3e personne du pluriel *dádati*, où *ə manquait correctement devant voyelle, suffit à expliquer ces formes. Et *i* ne manque pas en sanskrit là où quelque fait analogique de ce genre n'en expliquerait pas l'élimination. La présence ou l'absence du ton n'est jamais pour rien dans la chute de *ə.

Il y a donc une chute de *ə intérieur commune à l'iranien, au slave, au baltique, à l'arménien et au germanique. Il en résulte de curieux contrastes, comme celui de r. *terét*, tch. *tříti*, et de gr. τέρε-τρον, lat. *tere-bra*, irl. *tara-thar* [de **tʰrə-*], gall. *taradr* ; ou de v.isl. *ǫnd* « souffle », *anda* « souffler », mais skr. *ániti* « il souffle », *áni-laḥ* « vent », gr. ἄνεμος, lat. *ani-ma*, irl. *ana-l*, gall. *ana-dl*.

La contraction en *ī de la sonante *y avec un *ə suivant est sans doute un fait indo-européen commun, antérieur à la chute dialectale de *ə intérieur ; car la forme à degré zéro **-ī-* du suffixe de l'optatif athématique est attestée en iranien : gāth. *vairīmaidī*, en slave : v.sl. *dadimŭ, dadite*, et en germanique : got. *gebeima*, v.h.a. *wurtīmēs*, etc. ; il n'est pas probable que l'*ī* de ces optatifs soit analogique de formes où la voyelle serait en syllabe finale, car à date indo-européenne, la 2ᵉ personne sg. act. est *-*yēs*, et la 3ᵉ *-*yēt*, au degré *e*.

Pour apprécier ce que signifie la coïncidence de ces langues, il faut noter que l'on observe des chutes de *ə dans d'autres dialectes indo-européens, mais en des conditions différentes.

En sanskrit, l'*ə* intérieur (mais non pas *-ə final) est toujours tombé après *y* précédé de voyelle, et il en est résulté la diphtongue skr. *e* (F. DE SAUSSURE, *Mémoire*, p. 242) ; on a donc :

skr. *bibhéti* « il craint », cf. lit. *báimė* et skr. *bhūtáḥ*, lette *bītēs*, dont l'*ī* indique le caractère dissyllabique de la racine.

skr. *kreṣyati* « il achètera », cf. gr. ἐ-πριά-μην et skr. *krītáḥ* (avec *ī*).

skr. *adīdet* « il a brillé » ; cf. hom. δέα-το, et skr. *didīhí*, °*dītíḥ* (avec *ī*).

skr. *rétaḥ* « courant », à côté de *riṇáti, rītíḥ* ; qu'on rapproche de lat. *rīuos* ou de lit. *líeti* et *lýti*, on part de i.-e. *eyə,

skr. *nétar-* et *netár-* « conducteur », subj. aor. *neṣati*, en regard de *nītáḥ*.

skr. °*kṣetoḥ* « de détruire », à côté de *kṣīṇa-* — et de *kṣiṇáti*

skr. °*metoḥ* « d'endommager », *meṣṭa*, à côté de *mīta-* et de *mináti*.

skr. *pretár- premán-*, en face de *prītáḥ* et *prīṇáti*, cf. v.sl. *prijati* et got. *frijon*.

skr. *ápīpet, péruḥ*, en face de *pīnáḥ* et *pyáyate* ; cf. aussi lit. *píenas* « lait ».

skr. *adīdhet* « il a pensé », cf. *dhītáḥ* et *dhyāti*.

skr. *véti* « il poursuit » ; cf. gr. ϝίεμαι, lit. *vejù, výti* et skr. *vītíḥ*, v.sl. (*vŭz-*)*vitĭ* « gain ».

skr. *jihreti* « il a honte », cf. *hrītáḥ*.

Le sanskrit a donc *e* là où l'on attendrait *aya* ; si le traitement de *ə après *y* était *i*, on pourrait croire qu'il s'agit d'une contraction de *ayi* ; mais la 1re personne -*ya* de l'optatif moyen en regard de la désinence ordinaire -*i* de la 1re personne moyenne secondaire montre que *ə est représenté en sanskrit par *a* après *y* comme devant *y*. Là où le sanskrit présente, à l'intérieur du mot, *ayi*, c'est une forme secondaire, créée par analogie ; ainsi le védique a *jétar-* dissyllabique RV I, 11, 2 = V, 25, 5 – I, 66, 3 – IV, 20, 5 – VIII, 99, 7 – IX, 90, 3 ; plus tard on trouve *jayitar-* ; mais l'adjectif verbal *jitáḥ*, avec son *ĭ*, suffit à dénoncer le caractère secondaire de *jayitar-*, qui du reste n'est attesté que postérieurement à *jétar-*.

La trace de la chute de *ə en sanskrit se voit cependant encore parfois dans la valeur dissyllabique de la diphtongue *e* représentant *eyə ; on a ainsi *netár-* et *pretár-* trisyllabiques, comme le note déjà M. WACKER-NAGEL, *Altind. Gramm.*, I, § 48 *b*, p. 53 ; toutefois il ne faut pas restituer *nayitár-*, *prayitár-*, qui sont des formes purement imaginaires (v. les exemples chez ARNOLD, *Vedic metre*, p. 91). — On voit, pour le dire en passant, que si, à la fin du mot, indo-iran. *ā* à valeur parfois dissyllabique (par exemple dans le génitif pluriel en -*ām*) répond à une longue intonée douce du lituanien, la diphtongue skr. *e* (indo-iran. *ai*) à valeur parfois dissyllabique de l'intérieur du mot répondrait, le cas échéant, à une diphtongue rude du lituanien : il n'y a là rien de surprenant ; le développement des intonations a eu lieu indépendamment dans chaque langue, comme l'a reconnu M. F. DE SAUSSURE, et les conditions varient d'une langue à l'autre ; les intonations baltiques et slaves traduisent des faits indo-européens d'espèces diverses, et le groupement est purement baltique et slave.

En grec, ainsi que l'a brièvement indiqué M. F. DE SAUSSURE, *Mél. Nicole*, p. 511, n. 2, i.-e. *ə tombe après une syllabe à vocalisme *o* :

τόρμος « trou » : τέρετρον.

ὅλμος « mortier » (de *olə-smos ?) : ἀλέω (M. BAR-THOLOMAE a rapproché skr. *sūrmí* ce qui, tout en changeant l'étymologie, laisserait subsister l'exemple ; on partirait alors de *solə-mos ou *solə-smos ; cf. PRELLWITZ, *Et. Wört.*[2] sous ce mot).

πόρνη « meretrix » : ἐπέρασσα, πιπράσκω.

πότμος « sort » : πεσοῦμαι (de *πετε-ομαι), πέπτωκα.

τόλμα : τελαμών, τλᾱ-, ταλα-.

βροντή : °βρεμέτης.

κόρση : κέρας (et de même dans les autres cas où l'on a cru reconnaître un traitement ορ de i.-e. **r̥* en grec ; cf. BRUGMANN, *Grundr.*, I[2], p. 177, § 527, et *Gr. Gr.*[3], p. 88).

πορθμός (cf. v.h.a. *farm*) : περάω, πέρας.

οἶσος : ϝιτέα, cf. lit. *výti*, lat. *uiēre*.

φόρτος « fardeau », φορμός « corbeille » : φέρετρον et φαρέτρᾱ, lesb. φερένᾱ, °φρήσω). Les formes nominales de la racine sont généralement dissyllabiques en grec ; cf. du reste skr. *bharítram* et lat. (*præ-*)*fericulum*, skr. *bhárīman-*, lat. (*of-*)*ferumenta*, russe *berémja*, serbe *brème*, tch. *břímě*. Toutefois la racine a aussi des formes monosyllabiques, notamment gr. φέρμα ; on a noté que φέρτρον est déjà chez Homère, et l'attique a φερνή, en face de lesb. φερένᾱ ; il est vrai que φερνή pourrait être tenu pour une contamination de *φορνᾱ et de φερενᾱ. Il demeure curieux qu'il n'y ait aucune forme dissyllabique après vocalisme *o*, mais toujours φόρτος et φορμός.

μορφή peut être rapproché de lit. *márgas*, avec M. SOLMSEN, *KZ* XXXIV, p. 23 ; la glose ἀμερφές· αἰσχρόν Hes. aurait subi l'influence de μορφή, influence inévitable à cause de la suite de brèves qu'aurait entraînée la forme *ἀμεραφες*.

Donc δοάσσατο doit son α à l'influence de δέατο, et στοναχή, est d'après στενάχω.

L'ι du gr. δολιχός est inexpliqué : l'ε de ἐνδελεχής répond à l'i.-e. *ə attendu ; cf. avec un vocalisme radical différent, skr. *dīrgháḥ*, zd *darəyō*, v.sl. *dlĭgŭ* (serb. *dŭg*), lit. *ìlgas*, et d'autre part véd. *drāghmán-* et zd *drājō* « longueur » ; si obscur que soit l'ι de δολιχός, il est du moins frappant que cette forme à vocalisme *o* n'ait pas l'un des représentants normaux de i.-e. *ə, comme ἐνδελεχής a en effet un ε, comparable à celui de τίθεμεν (la forme *δληχ- que suppose l'ε de °δελεχης n'est pas attestée).

La même chute de *ə après vocalisme *o* a sans doute eu lieu aussi en latin, comme l'attestent les exemples suivants :

lat. *culmus*, cf. russe *solóma*, serbe *slȁma*, tch. *sláma* : et, avec vocalisme à degré zéro, gr. κάλαμος ; (de *k_1°ləmos*).

lat. *collis*, cf. lit. *kálnas* « montagne ».

lat. *spūma* (cf. v.h.a. *feim*, v.angl. *fām*), cf. lit. *spáinė*, serbe *pjèna*, russe *péna*, tch. *pína*.

lat. *forda*, cf. avec degré *e*, russe *berëžaja*, serbe *brȅđa* (exemple douteux, à cause de la double forme de la racine : *bher- et *bherə-).

Il semble difficile de trouver un exemple celtique probant en un sens quelconque : skr. *badhiráḥ* « sourd » et v.irl. *bodar*, gall. *byddar* sont ambigus, car skr. *-ira-* et celt. *-aro-* peuvent représenter *-°ro- et *-əro- ; et, si v.irl. *tarann* « tonnerre », gall. *tarann* sont à rapprocher de lit. *tar̃ti* « dire » (anciennement « faire du bruit », changement de sens fréquent), l'intonation lituanienne montre que le celt. *-an-* représente ici *-°n-, et non *-ən-.

Sur le sanskrit, qui a confondu les timbres *e* et *o* dans l'unique *a*, on ne peut rien dire ; il est curieux qu'on ait

un vocatif véd. *omāsaḥ* à côté de *avitá* « protecteur »,
plur. *ūmāḥ*. Mais ce n'est pas sur un exemple isolé de ce
genre qu'on peut fonder une doctrine.

Il demeure donc que *ə intérieur tendait à s'amuir
dans tout l'ensemble des dialectes indo-européens : la
chute s'est réalisée dans des conditions identiques, d'une
part en iranien, slave, baltique, arménien et germanique,
de l'autre en grec et en latin (et peut-être ailleurs : les
exemples manquent). Le sanskrit présente un type de
chute après *y* qui lui est propre, de même que l'indo-
iranien a un traitement *i* de i.-e. *ə, qui ne se retrouve
nulle part ailleurs.

CHAPITRE IX

Le groupe *-wy-

A l'intérieur du mot, le groupe des deux sonantes *w* et *y* a deux traitements différents. Si l'on prend pour type le cas où les voyelles suivantes de part et d'autre sont *o*, on a : **-owyo-* en sanskrit, arménien, grec, italique, celtique ; mais **-ouyo-* en iranien, slave, letto-lituanien, gotique et scandinave, soit :

skr. *-avya-*, gr. -οιο- (de **-oᵣyo-*), lat. *-ouio-*, gaul. *-ovio-*, mais : zd *-aoya-*, sl. *-uje-*, lit. *-auja-*, got. *auja-*. Ainsi : skr. *návyaḥ*, ion. νεῖος, lat. *Nouius*, gaul. *Novio-* (*dūnum*), gall. *newydd*, irl. *núe* (supposant **nowyos*), mais lit. *naũjas*, got. *niujis*.

skr. *savyáḥ* « gauche », mais zd *haoyō*, pehlvi *hōy*, *hōyak* (la graphie avestique est donc correcte), v.sl. *šujĭ* (de **seuyos* donnant **sjeujos*).

skr. *gávyaḥ* et *gavyáḥ* « de bœuf », arm. *kogi* « beurre », gr. ἐννεά-ϭοιος, mais zd *gaoyạm* « de bœuf » (accus. féminin).

En gotique, la flexion manifeste l'existence du principe phonétique dans le contraste de nom. *hawi* « herbe » et de gén. *haujis*, dat. *hauja*.

Des actions analogiques ont en partie troublé l'action de la loi. Ainsi le lituanien a 1ʳᵉ pers. *aviù* « je suis chaussé de », d'après *avĕti* et le reste de la flexion du présent, à suffixe *-i-*, 3ᵉ pers. *ãvi*, avec le suffixe **-ye-*, le slave a la forme phonétique : *ob-ujǫ*. Du reste, avec ce suffixe **-ye-*, la diphtongue est de règle en baltique et en slave, ainsi dans v.sl. *pljujǫ*, lit. *spiáuju* « je crache », et de même dans tous les exemples.

Les adjectifs en **-yo-* (**-yā-*) dérivés de thèmes en *-u-* ont la forme phonétique en sanskrit et en zend : skr. *-avya-*, zd *-aoya-* ; le v.sl. *synovljĭ* « du fils » est analogique, d'après *synovi* (dat. sing.), *synove* (nom. plur.), etc. Le type phonétique est donné par *ujĭ* « père de la mère » ; le vieux prussien *awis* (même sens) doit sa forme à ce que le nominatif singulier est en -*is* en baltique. Après voyelle longue ou diphtongue, ce traitement est ordinaire ; l'Avesta a ainsi *daēvya-* de *daēva-* « démon » ; le vieux slave a *stavljǫ*, 1re personne, près de *staviši*, 2e pers., et de l'infinitif *staviti* « mettre debout ».

Si, comme le croit M. PEDERSEN, *KZ* XXXVIII, p. 196, i.-e. *-w- donne arm. *g* entre voyelles, on pourrait interpréter arm. *kogi* « beurre » en partant de i.-e. orient. *gowiyo-* et l'exemple ne serait pas probant pour le traitement arménien de *-owyo-*. On est même obligé de partir de *-ogiyo-* pour expliquer un génitif tel que *kogwoy* « du beurre », mais l'*i* peut être dû à une restitution d'après le nominatif-accusatif *kogi*. Il est difficile de trouver un exemple qui réfute la théorie de M. PEDERSEN, parce que la structure de l'arménien comporte un *w* (resp. *v*) final au nominatif-accusatif singulier des noms qui fournissent les exemples, et que cette forme suffit à expliquer toutes les autres que l'on pourrait opposer à M. PEDERSEN : *tewem* « je dure » est contraire à la doctrine de M. PEDERSEN, mais la forme *tew* « durée » en rend compte, et ainsi de tous les exemples. Mais, si la théorie de M. PEDERSEN n'est pas réfutable, elle n'admet pas davantage de démonstration ; car on peut expliquer le génitif *aregi* de *arew* par *rew^e/_os*, comme *kogi* par *gowyo-*. De même *taygr* « frère du mari » peut reposer sur *daiwr-*, cf. le génitif-datif *hawr* = gr. παρός, πατρί, et rien ne prouve que le *w soit devenu *g entre voyelles. On voit mal pourquoi le *w intervocalique serait devenu *g* : le passage de *w initial à *g*, lequel n'est même pas constant en arménien, tient à l'attaque de l'initiale ; en persan, où *w* est représenté suivant les cas par *b* ou *g* à l'initiale, ce traitement ne se retrouve pas à l'intervocalique. Le mot arm. *aregakn* « soleil » dont s'autorise M. PEDERSEN est d'in-

terprétation incertaine (v. HÜBSCHMANN, Arm. *Gramm.*,
I, p. 414). La loi supposée oblige à renoncer à l'interprétation séduisante de arm. *howiw* « berger » par **owi-
pā-*, et rend difficile le rapprochement, autrement très
satisfaisant, de arm. *gowem* « je loue » avec v.sl. *gověti*
« soigner, s'occuper de ».

A l'égard du germanique, M. BRUGMANN, *Grundr.*, I^2,
p. 797, enseigne que le germanique occidental conserve
le traitement *-*wy*- : v.h.a., v.sax. *niuwi*, v.angl. *nēowe*,
nīwe auraient *-*wy*- avec la gémination du germanique
occidental devant -*y*-. Mais il est tout aussi licite de
supposer un ancien **neu^wyo-* ; car la diphtongue de got.
niujis s'y retrouve clairement. La forme germanique
occidentale présente cet intérêt qu'elle conserve trace de
w consonne devant *y* tout en présentant la diphtongue.

C'est sans doute ce même point de départ qu'il faut
poser pour le baltique commun. En effet, si le vocabulaire (vieux prussien) d'Elbing a *crauys*, en regard de
lit. *kraũjas* « sang » (cf. skr. *kravyam*), l'Encheiridion a
krawia, *krawian* (comme l'a fait remarquer M. ZUPITZA,
KZ *XL*, p. 252) ; et les formes verbales ont 3e pers. -*awie*
(v. *ib.*, et BEZZENBERGER, *KZ* XLI, 85); M. ZUPITZA a
même conclu de la forme lit. *naũjas* (et non *niaujas)
que la prononciation *au* est postérieure au passage de
*ew à *av* en lituanien ; mais il peut y avoir eu dissimi-
lation du *j* par le *j* intérieur. Le fait vieux prussien subsiste ; il concourt avec le germanique occidental à établir
la phase intermédiaire *-*eu^wye*-, qu'il faut poser pour
l'iranien, le slave, le baltique et le germanique. On a ici
la trace de la prononciation géminée des consonnes
devant sonante que suppose la quantité longue de la
première syllabe dans les groupes tels que *etre*, *etwe*,
esye en indo-européen, prononciation qui est du reste
attestée directement en sanskrit par les grammairiens (cf.
A. MEILLET, *Introduction*, 2e édit., p. 102 et suiv.). Il s'est

posé pour ce groupe une difficulté assez grave que les dialectes ont résolue de manières diverses.

En effet, là où *w* est géminé, le premier élément de la gémination se présente normalement sous la forme *u* second élément de diphtongue ; c'est ainsi que, dans le texte homé- rique, on trouve de vieilles formes, sans doute éoliennes, telles que αὐίαχος valant ἀ(ϝ)ίαχος (N 41), εὔαδεν valant ἔ(ϝ)-αδεν (Ξ 340), etc. ; le ϝ initial est redoublé ici comme le sont λ, μ, ν, ρ, dans beaucoup d'exemples analogues ; mais le ϝ géminé est noté υ(ϝ), et non ϝϝ. A Cypre, sur la Table d'Idalion, on lit *e u ve re ta sa tu* (εὐϝρητασατυ) à côté de *e ve re ta sa tu* (ἐϝρητασατυ) quelques lignes plus loin. Quand la gémination se produit à l'initiale d'un mot, cette notation qui défigurerait le mot précédent n'est pas employée, d'où ἀπὸ '(ϝϝ)éo exemple N 163. On s'explique bien ainsi la prononciation *-au^{w}ye-* Toutefois cette solution donnait une importance exagérée au premier élément du groupe qui était une géminée, mais sans doute une géminée faible. La première partie de la géminée était sans doute assez brève ; cette brévité relative l'a maintenue distincte de *u* second élément de la diphtongue ordinaire en *u* dans une notable partie du domaine indo-européen, où le traitement apparaît dès lors sous la forme *-owye-*.

Remarques complémentaires de la 2e édition

Sur le traitement de *-wy-* en celtique, il convient maintenant de renvoyer à H. PEDERSEN, *Vergl. Gramm. d. Kelt. Spr.*, I, p. 55. D'une manière générale, on ne saurait attribuer une valeur à la ligne d'isoglosses définie dans ce chapitre.

CHAPITRE X

Les sonores aspirées

On entend par sonores aspirées les phonèmes définis par la série suivante de correspondances :
Sanskrit : occlusives sonores accompagnées d'une articulation glottale, qu'on transcrit par *h*.

Iranien, slave, baltique, albanais, celtique : occlusives sonores confondues avec les anciennes sonores simples, par exemple iran. *d* = skr. *d* et *dh*. Le germanique et l'arménien ont aussi des sonores, qui se distinguent cependant des anciennes sonores simples, parce que celles-ci sont représentées par des sourdes. A ceci près, toutes ces langues s'accordent à répondre par *d* au *dh* sanskrit, par exemple. M. F. KLUGE (*PBB*. I, 199, et *Vorgesch. d. altgerm*. Dial.[2], p. 367) a supposé que le traitement *ƀ*, *đ*, *γ* des « sonores aspirées » serait peut-être un fait dialectal indo-européen, mais ce traitement n'est attesté nulle part comme un traitement général des sonores aspirées ; il ne l'est pas pour le germanique (v. ci-dessous, chap. XIII) ; il ne l'est pas davantage pour une autre langue indo-européenne quelconque. Le traitement spirant apparaît partout comme un affaiblissement propre à certaines positions, notamment à la position intervocalique.

Seuls le grec et l'italique divergent, et divergent dans un même sens, opposant des sourdes aux sonores de toutes les autres langues. En grec, ce sont les sourdes aspirées du grec ancien, φ, θ, χ, qui sont devenues des spirantes au cours du développement historique ; les notations πh, κh existent encore dans d'anciennes inscriptions. En italique, on ne rencontre, dès le début de la tradition, dans tous les dialectes, que des spirantes, et même des spirantes déjà très altérées ; car elles sont en partie remplacées par l'aspiration *h*, et *ƀ* s'est partout substitué à *f* ; ces spirantes, très évoluées, remplacent presque certainement de plus anciennes sourdes aspirées, pareilles à celles qui sont attestées en grec. La coïncidence du grec et de l'italique est frappante, car aucun fait des autres langues anciennement attestées ne fait attendre ce traitement.

Si le macédonien est un dialecte hellénique (et alors c'est en tout cas un dialecte très aberrant), comme le soutient en dernier lieu M. HOFFMANN, on pourrait être tenté de tirer de là un argument contre l'antiquité indoeuropéenne de la prononciation sourde en grec ; car l'un des traits caractéristiques les plus certains du macédonien est qu'il répond par des sonores aux sourdes aspirées grecques : δωραξ en face de θώραξ, ἀβρουϝες en face de ὀφρύες, etc. Mais, ainsi que l'a déjà fait remarquer M. HOFFMANN (*Die Makedonen*, p. 232 et suiv.), les sourdes aspirées sont voisines des sonores par leur faiblesse d'articulation ; d'ailleurs, en passant par la prononciation spirante, les sourdes aspirées peuvent devenir des sonores, ainsi germ. *þ* est représenté par *d* en allemand, et certains dialectes bantous présentent des faits analogues (v. MEINHOF, *Lautlehre d. Bantuspr.*)

Si l'italique et le grec appartenaient à des groupes tout à fait différents, on tiendrait la coïncidence pour fortuite ; car les sonores aspirées sont représentées par des sourdes aspirées d'une manière indépendante en tsigane (v. BRUGMANN, *Internationale Zeitschrift* de TECHMER, I, p. 231 ; KRETSCHMER, *Einleitung*, p. 155). Mais M. KRETSCHMER a eu tort de rapprocher le passage historique de gr. οὐδ' εἴς (groupé en un mot, distinct de οὐδ' εἴς) à οὐθείς, pour établir la tendance à assourdir les sonores aspirées qui est récente en grec, et a persisté à l'époque historique ; car δ suivi d'un souffle sourd est tout autre chose que les anciennes sonores aspirées. Et comme le grec et l'italique appartiennent aux mêmes groupes dialectaux à beaucoup d'égards et présentent certaines particularités qui leur sont propres (v. ci-dessous chap. XIX), il n'est pas exclu que la coïncidence remonte à l'époque indo-européenne ; toute affirmation est du reste impossible.

Remarques complémentaires de la 2ᵉ édition

L'assourdissement des sonores aspirées est la particularité la plus frappante sur laquelle on pourrait s'appuyer pour établir un lien spécial entre le grec et l'italique. Sans doute le résultat diffère beaucoup entre les deux groupes : en grec *bh, dh, gh* ont abouti à *ph, th, kh*, et ce n'est qu'au cours de l'époque historique que les sourdes aspirées *ph, th, kh* sont devenues des spirantes, au moins en ionien-attique. Et tous les parlers italiques s'accordent à n'offrir que *f* et *h* comme représentant. Les anciennes sonores aspirées, là où des conditions spéciales n'ont pas déterminé un retour à la valeur sonore. Mais, si l'évolution italique a été plus rapide que l'évolution hellénique, le passage par un stade occlusif sourd est probable dans les deux cas.

Ce qui rend douteux le rapprochement des faits grecs et italique, c'est que le celtique n'y participe pas. Or, d'une part, l'unité italo-celtique n'est pas douteuse. Et, de l'autre, la distinction des sonores simples et des sonores aspirées, effacée en celtique à l'époque historique, a existé encore en celtique à date ancienne, puisque $*g^w h$ et $*gh$ se sont confondus en g alors que $*g^w$, qui aboutit à b, est demeuré distinct de $*g^w h$, qui aboutit à g. Il y avait donc encore à l'époque italo-celtique une distinction nette entre sonores simples et sonores aspirées, et l'évolution des sonores aspirées vers b, d, g, d'une part, vers *f* et *h*, de l'autre, est postérieure à la rupture de l'unité italo-celtique.

Quelle qu'ait été la nature exacte – mal définie jusqu'ici – de l'élément par lequel se distinguent les sonores aspirées des sonores simples, on conçoit que, au moment où les parlers indo-européens ont été apportés à des populations du bassin de la Méditerranée ignorant les sonores aspirées, cet élément y ait entraîné l'assourdissement.

En fait, les anciennes sonores aspirées, qui ont abouti, en arménien ancien, aux phonèmes transcrits par *g, d, ǵ, ǰ*, et qui sont représentées par des sonores, plus ou moins complètes dans les parlers arméniens orientaux, ont abouti dans les parlers arméniens occidentaux à des sourdes, en partie aspirées (v. ADJARIAN, dans *Revue internationale de Rhinologie... et Phonétique expérimentale*, 1899, p. 124 et suiv. ; et *Classification des dialectes arméniens*, p. 3, et *passim*). La prononciation orientale de *b, d, g* conserve, au moins en partie, un appendice que M. SIEVERS et M. ADJARIAN ont indiqué, sans en pouvoir donner une définition précise. M. l'abbé ROUSSELOT n'a pas trouvé, dans les tracés qu'il a observés, la confirmation de l'existence de cet appendice (v. *Revue,* citée, p. 132 et suiv., à la suite de l'article de M. ADJARIAN) ; mais il ne résulte pas de là que cet appendice n'existe pas sous quelque forme que des expériences plus poussées arriveraient à déceler. Or, pour expliquer que, dans les parlers arméniens où *p, t, k* de l'arménien classique sont représentés par *b, d, g*, les *b, d, g* de l'arménien classique soient représentés par *p, t, k* (ou *ph, th, kh*), le plus naturel est d'admettre que les *b, d, g* de l'arménien commun offraient une particularité comparable à celle qui caractérisait les sonores aspirées indo-européennes. L'aboutissant *ph, th, kh* observé par M. ADJARIAN confirme le caractère aspiré des anciennes sonores notées par les lettres qu'on transcrit au moyen de *b, d, g.* Voir maintenant, à ce sujet, H. PEDERSEN, *Philologica*, I , p. 45 et suiv.

Dès lors, l'assourdissement qu'on rencontre à la fois en grec et en italique tiendrait à ce que le caractère propre des sonores aspirées indo-européennes se serait conservé jusqu'à l'arrivée des populations indo-européennes, helléniques, d'une part, et italo-celtiques, de l'autre, dans le bassin de la Méditerranée, et à ce que ces phonèmes, placés dans des conditions de développement semblables, auraient évolué, indépendamment, de manière semblable. Il n'y aurait donc pas lieu d'en faire état pour déterminer la répartition des dialectes en indo-européen commun, qui est l'objet de ce livre.

CHAPITRE XI

Les sourdes aspirées

La question des sourdes aspirées est difficile, parce que ce type de phonèmes est relativement peu abondant en indo-européen, et que par suite on a très peu d'exemples pour déterminer les traitements. Les faits qui semblent certains sont les suivants :

1° Il y a en indo-iranien une série de phonèmes nettement distincts des sourdes simples, et qui se présentent en sanskrit comme des sourdes aspirées, en iranien comme des spirantes :

$$
\begin{array}{llll}
\text{skr.} & kh & = \text{iran.} & x \\
& th & & \theta \\
& ph & & f
\end{array}
$$

Après *s* et *n* l'iranien n'a que les occlusives sourdes, soit *st* et *nt* = skr. *sth* et *nth*. Il n y a pas de série prépalatale ancienne parallèle *ś* skr. = zd *s*, skr. *j* = zd *z* et skr. *h* = zd *z*. Le *kh* sanskrit n'est pas sujet à devenir mi-occlusif devant les voyelles prépalatales et devant *y*, ainsi *khyāti* « il voit » ; l'alternance de skr. *k* et *c*, *g* et *j*, *gh* et *h* n'a donc pas non plus de parallèle pour *kh* ; le *ch* sanskrit, qui du reste est en principe une géminée, ne représente jamais ni un i.-e. *k_1h de la série de skr. *ś, j*, *h*, ni un *kh* mouillé devant une voyelle prépalatale.

2° A ces phonèmes indo-iraniens, l'arménien répond par *x, th, ph*. Les traitements *x* et *ph*, ne se rencontrant pas pour i.- e. *k* et *p*, caractérisent éminemment les sourdes aspirées indo-européennes. Au contraire le traitement arm. *th* de i.-e. *th* se confond avec le traitement de i.-e. *t* ; mais une différence apparaît après *r* : tandis que i.-e. *rt* donne arm. *rd*, i.-e. *rth* donne arm. *rth*. Cette différence est très importante ; si en effet les

anciennes sourdes simples donnent des sonores arméniennes après *r* et après nasale, c'est que la mutation
consonantique qui a transformé les sourdes simples en
sourdes aspirées les a transformées en même temps en
douces, susceptibles de devenir sonores ; au contraire,
les anciennes sourdes aspirées sont demeurées fortes, et
c'est ce qui fait que i.-e. **p* a abouti à *h*, tandis que i.-e.
*ph est représenté par arm. *ph* ; si le rapprochement de
gr. ἔρφος et arm. *erphn* (v. PEDERSEN, KZ XXXIX, 363)
est exact, il montre que *ph* subsiste après *r*, comme *th*
issu de i.-e.**th*. Seule, la gutturale i.-e. **kh* est représentée par une spirante arménienne, *x* ; mais c'est que les
gutturales sont sujettes à devenir spirantes dans des cas
où les autres occlusives restent des occlusives : *g* devient
ainsi une spirante en tchèque et en petit russe, *ǧ* en arabe ;
le traitement de *g* est aussi tout particulier dans une
partie des dialectes germaniques ; il y a donc ici un traitement propre aux gutturales et qui n'intéresse pas d'une
manière spéciale la question des aspirées sourdes indo-
européennes. — A en juger par l'arménien, les sourdes
aspirées indo-européennes auraient été tout autre chose
que les sourdes aspirées douces qu'on observe actuellement dans la prononciation de beaucoup de parlers
germaniques et arméniens modernes. Ceci concorde
avec la conservation de *kh* devant **ĭ*, **y* et *ĕ* en sanskrit.
— Pas plus que l'indo-iranien, l'arménien n'atteste
l'existence d'une sourde aspirée dans la série prépalatale
indo-européenne représentée en arménien par *s, c, j, h.*

3° Pour le grec, deux équivalences sont certaines :

χ = skr. *kh,*   iran. *x,*   arm. *x*

φ =   *ph,*   *f,*   *ph.*

Il n'y a pas de sourde aspirée attestée dans la série
des labio-vélaires.

A l'égard de **th*, on n'a pas la même certitude, une
série d'exemples garantissant :

τ = skr. *th,* iran. θ, arm. *th* (même après *r*).

Mais quelques autres exemples tendant à indiquer le traitement θ, que ferait attendre le parallélisme. Les principaux faits seront examinés ci-dessous.

4° Le slave confond i.-e. **th* et **ph* avec **t* et **p* dans slave *t* et *p*. On a supposé que i.-e. **kh* donnerait sl. *x* ; mais cette hypothèse a été combattue par M. UHLENBECK, *IF* XVII, p. 95 et suiv. et 177. M.UHLENBECK croit que **kh* est représenté par *k* comme **ph* et **th* le sont par sl. *p* et *t* ; mais étant donné qu'il s'agit d'une gutturale, une rupture du parallélisme ne serait pas surprenante. Il n'y a malheureusement d'exemple tout à fait décisif en aucun sens ; on ne connaît aucun cas sûr de i.-e. **kh* donnant sl. *k*, et il y a plusieurs étymologies satisfaisantes qui engagent à tenir pour probable le traitement sl. *x* de i.-e. **kh* ; v. PEDERSEN, *KZ* XL, p. 173 et suiv.

5° Le baltique, le germanique, le celtique et l'italique confondent entièrement les sourdes simples avec les sourdes aspirées. Le traitement latin a été établi par M. UHLENBECK, IF XIII, 213 et suiv. (v. cependant un doute de M. PEDERSEN, *KZ* LX, p. 178).

Les sourdes aspirées tendent donc à se confondre avec les sourdes simples, et la confusion est totale dans une série continue de dialectes. On est ainsi réduit à très peu de langues pour l'étude de ces phonèmes.

Les exemples relatifs à **ph* et **kh* sont connus et assez clairs pour n'avoir pas besoin d'être énumérés ici[1]. On notera seulement les deux qui appuient le plus fortement l'hypothèse d'un traitement *x* en slave :

skr. *śā́khā* « branche », pers. *šāx*, arm. *c'ax*, lit. *šakà* ; le rapprochement de lit *šakà* et de v.sl. *soxa* « bâton, fourche » semble s'imposer, quoi qu'il soit contesté par tous les savants qui ont examiné ces mots récemment

---

[1] Addition : pour le passage de **kh* à *x* en arménien et en slave, cf. les observations de M. PEDERSEN, *KZ* XL, p. 173 et suiv.

(voir en dernier lieu, STREKELJ, *Arch. f. slav. Phil.*, XXVIII, p. 488 et suiv.).

skr. *kákhati* « il rit aux éclats », arm. *xaxankh*, gr. καχάζω, v.sl. *xoxotŭ* ; c'est une onomatopée comme l'est pour **ph*, skr. *phut-karoti* « il souffle », arm. *phukh* « souffle », gr. φῦσα, lit. *pũsti*, v.sl. *pyxati*, lat. *pustula* ; mais ceci ne change rien à l'application des lois phonétiques.

Le rapprochement de v.sl. *plěšĭ*, r. *plexán*, etc. et de lit. *plìkas* ne s'explique bien qu'en supposant **kh* représenté en slave par *x* (cf. A. MEILLET, *Études*, p. 174).

Il y a lieu d'examiner de plus près les exemples qui peuvent illustrer le traitement de i.-e. **th* en grec.

skr. *pṛthukaḥ* « petit d'animal », arm. *orth* « veau » (*th* après *r*), gr. πόρτις, πόρταξ. Cet exemple est très important parce qu'il est le seul où i.-e. **th* soit attesté d'une manière certaine par l'accord de deux langues ; dans tous les autres cas, le **th* n'est attesté que par le seul indo-iranien.

gr. πλατύς ne peut être séparé de skr. *pṛthúḥ* « large », zd *pərətuš*, ni πλάτος (avec le vocalisme de πλατύς) de skr. *práthaḥ*, zd *fraθō* « largeur » (arm. *yalth* « grand, énorme », *yalthem* « je l'emporte sur, je triomphe », avec *th*, conviendrait phonétiquement ; mais le sens fait difficulté) ; le nom propre Πλαταιαί est inséparable de skr. *pṛthivī̆* « terre » et de gaul. *Litavia*, v.gall. *Litau*, gall. *Llydaw* « Armorique » ; πλαταμών rappelle skr. *prathi-mán-* ; πλάτη « extrémité plate d'un objet » est isolé (cf. cependant lat. *planta* « plante des pieds », et le masculin skr. *pṛtháḥ* « plat de la main », comme gr. πλατεῖα), mais (ὠμο-πλάτη) rappelle v.sl. *plešte* « épaule » ; πλάτανος (nom d'arbre) est identique à gaul. *litano-*, v. gall. *litan*, v.irl. *lethan*. On a, avec θ, πλάθανος « planche à préparer des gâteaux » ; mais ce mot isolé ne peut en aucun cas prévaloir contre les rapprochements précédents ; le **dh* pourrait être un élargissement, auquel on comparerait d'autres élargissements de *pol-*, par exemple v.isl. *flatr*, v.h.a. *flaz* (avec *d*) ; d'ailleurs πλάθανος admet une étymologie différente (v. LAGER-CRANTZ, Z. *Griech. Lautgesch.*, p. 69 et suiv.).

πετάννῡμι, πέτασα et πέταλος, πέταλον, πατάνη ; cf. zd *paθana-* « étendu », oss. *fœtœn* (*t* intervocalique est représenté par *d* en ossète ; v. V. MILLER, *Spr. d. Osseten*, p. 30), pers. *pahm* ; cette famille de mots n'étant pas représentée en sanskrit, le *th* n'est attesté qu'en iranien ; ailleurs, on ne peut avoir que *t* : lat. *pateō*, lit. *petỹs* « épaule », v. angl. *fœðm* « extension des deux bras », etc.

πάτος « chemin » et πόντος « mer » ont été rapprochés de skr. *pánthāḥ, patháḥ, pathíbhiḥ*, zd *pantåo, paθō* « chemin », v.sl. *pǫtĭ*, v.pruss. *pintis*, lat. *pons* (*pontis*), arm. *hun* (avec chute de la dentale).

τετρατός, cf. skr. *caturtháḥ* « quatrième » ; mais ici le suffixe pourrait être *-to-* en grec ; de même, on n'a pas le moyen de déterminer dans quelle mesure le suffixe grec d'abstraits tels que θάνατος répond au suffixe skr. *-tha-* = zd *-θa-*, ou au suffixe skr. *-ta-* = zd *-ta-*.

στᾱ- (dans ἵστημι, ἔστην, etc.), cf. skr. *sthā-* ; le *t* des autres langues est ambigu : zd *stā-*, lat. *stā-*, germ. *stō-* ; lit. *sto-*, v.sl. *sta-*. On pourrait se demander si le *t* grec ne tient pas au *s* précédent ; mais le σ n'exerce pas pareille action ; un σφ- répond à skr. *sph-*, arm. *sph-* dans σφαραγέω, cf. skr. *sphūrjati* et lat. *spargō*, et dans σφυρόν, σφῦρα, cf.skr. *sphurati* et arm. *sphrem*.

στέγω et τέγος, cf. skr. *sthágati*, et lit. stógas, lat. tegō et toga, v.isl. *þak*.

ἥδιστος, cf. skr. *svādiṣṭaḥ* et v.h.a. *suozisto*.

Là où gr. θ semble répondre à skr. *th*, zd θ, on est en présence d'une de ces alternances indo-européennes de sonores aspirées et de sourdes aspirées, dont skr. *nakhám* et pers. *nāxun* en regard de v.sl. *nogŭtĭ*, v.h.a. *nagal*, lat. *unguis*, etc. sont un exemple certain.

On a ainsi gr. ϝοῖσ-θα, en regard de skr. *vét-tha,* got. *wais-t* et zd *dadā-θa,* lat. (*tutudis-*)*tī*. On admettra ici une alternance de *dh* et *th* pareille à celle que l'on observe entre la 2ᵉ plur. act. skr. *-tha-* = gāth. -θā et 2ᵉ plur. moy. prim. skr. *-dhve* = gāth. *-duyē,* sec. *-dhvam* = gāth. *-dūm* ; on lit même 2ᵉ plur. moy. zd *-θwe,* mais il n'est pas certain que le -θ ne soit pas une graphie approximative au lieu de δ.

Un exemple d'alternance **dh* : **th* moins surprenant est fourni par gr. ἀ-σκηθής en face de got. *skaþis* « dommage », irl. *scathaim* « j'endommage ». On notera que le *th* n'est pas directement attesté puisque la sourde ne se rencontre que dans le groupe occidental.

Enfin il faut écarter les étymologies fausses, comme gr. μόθος « tumulte de combat » en regard de skr. *mathnā́ti, mánthati,* v.sl. *mętǫ,* lit. *mentùrė,* v.isl. *mǫndull* ; la racine attestée par l'indo-iranien, le slave et le baltique a le sens technique de « brouiller, remuer un liquide » ; mais elle n'arrive pas, dans ces langues, au sens de « tumulte de combat » ; d'autre part, le grec a un *-o-,* sans nasale ; or la nasale est un élément constitutif de la racine ; l'hypothèse, proposée par M. EHRLICH, *KZ* XLI, 288, d'une contamination entre **μονθος* et **μαθος* est en l'air, car les noms thématiques n'ont pas d'alternances vocaliques présuffixales au cours de la flexion ; des autres mots cités par M. EHRLICH, *l.c.,* un seul serait embarrassant pour la thèse soutenue ici : μονθυλεύειν· τὸ μολύνοντα ταράττειν, Phrynichus ; mais ce mot isolé, dont la formation est peu claire, n'a rien de décisif; le θ peut d'ailleurs reposer sur **dh* alternant avec **th* ; aucun exemple de θ grec n'est probant dans ces conditions. Quant à la forme *manfar* de l'italique (v. WALDE, *Et. wört.* sous *mamphur*), *f* suffit à avertir que le mot doit être écarté ; et le vocalisme *a* n'est pas moins inadmissible.

Les sourdes aspirées ne sont donc complètement attestées qu'en indo-iranien et en arménien ; le grec confond déjà *t et *th ; le slave distingue tout au plus *k de *kh. Les dialectes occidentaux confondent entièrement. On aperçoit ici un développement commun des dialectes occidentaux, y compris le baltique et même le slave, mais à l'exclusion, au moins partielle, du grec, qui conserve nettement deux des trois sourdes aspirées établies par l'accord de l'indo-iranien et de l'arménien.

CHAPITRE XII

La sifflante s

Il y a ici deux phénomènes à considérer : le passage de *s* à la chuintante *š* et le passage de *s* à l'aspiration *h*.

1° *š*.

En indo-iranien, **s* passe à *š*, et **z* à *ž* après *i, u, r* (représentant *r* et *l*) et *k*, que la sifflante soit suivie de voyelle ou de consonne ou finale de mot[1].

En slave, **s* est représenté par la spirante gutturale sourde *x* (représentant sans doute un plus ancien *š*) après *i, u, r, k* indo-européens (ou plutôt orientaux ; car **k₁s* donne *s*), mais seulement devant voyelle suivante. Dès lors il n'y a pas d'exemples de **-z-* indo-européen devenant **ž*, etc., puisque *z* n'existe en indo-européen que devant une consonne sonore. La démonstration détaillée se trouve dans un grand article de M. PEDERSEN, *IF* V, p. 33 et suiv. Une contestation a été élevée depuis par M. UHLENBECK, qui avait d'abord soutenu la même doctrine que M. PEDERSEN, doctrine aussi découverte par M. FORTUNATOV d'une manière indépendante (mais non publiée par ce savant). M. UHLENBECK, *KZ* XXXIX, p. 599 et suiv., constate que la loi slave et la loi indo-iranienne n'ont pas la même extension ; le slave oppose *praxŭ* et *prŭstĭ* « poussière » : l'indo-iranien aurait *š* dans les deux cas ; **s* devient *š* après indo-iran. *i* représentant i.-e. **ə*, ce qui est un traitement propre à l'indo-iranien, etc. ; mais c'est qu'il s'agit de phénomènes réalisés indépendamment, à date indo-européenne, par des parlers qui devaient devenir les uns l'indo-iranien et les autres le slave : l'identité des formules n'est pas

---

[1] On observe en iranien un passage de *št* à *st*, dont les conditions dialectales ne sont pas connues (v. HÜBSCHMANN, *Pers. Stud.* p. 236, § 130 ; SALEMANN, *Grundr. d. iran. Phil.* I, 1, p. 262 ; et HORN, *ibid.*, I, 2, p. 86).

nécessaire en pareil cas, et de même pour tous les faits considérés ici. M. UHLENBECK observe des *x* slaves après *e*, *o*, *a* ; mais ils sont tous suspects d'être analogiques : l'*i* final de v.sl. *bereši* suffit à exclure l'identification totale avec skr. *bhárasi* « tu portes » (cf. *MSL* XIV, p. 412 et suiv.). Enfin il y a des cas où i.-e. **rs* donnerait sl. *rz* ; mais ce traitement serait inconciliable avec des exem-ples certains où **rs* donne sl. *rx*, et les cas de *rz* doivent s'expliquer par des contaminations, ainsi dans *drŭzŭ* « hardi » en face de gr, θρασύς, skr. *dhŗṣṇúḥ*, comme on la supposé depuis longtemps ; en aucun cas, il n'est admissible que **rs* donne sl. **rz* ; car les anciennes sourdes se maintiennent en slave avec une fixité absolue, et l'on ne connaît aucune sonorisation pareille en slave commun. — Même si l'on tient pour admissible le passage slave de *s* à *z* en certaines condi-tions, il n'y aurait pas lieu de renoncer pour cela au rapport entre indo-iran. *š* et sl. *x* comme le montre M. PEDERSEN, *KZ* XL, p. 179. Etant donné qu'il s'agit d'un fait dialectal indo-européen, l'innovation indo-iranienne et l'innovation slave sont donc parallèles (cf. BRUGMANN, *Grundr.* I², § 818. *Anm.* 2, p. 727 et suiv.).

Le lituanien a aussi *š* après *i, u, r, k* ; mais il présente également *s* dans les mêmes conditions, et l'on n'a pas réussi à déterminer avec rigueur suivant quelle loi se répartissent *s* et *š*, pourquoi par exemple on a lit. *blusà* = v.sl. *blŭxa*, mais lit. *vetušas* = v.sl. *vetŭxŭ*.

L'Encheiridion vieux prussien a quelques exemples isolés de *-rsch-* à coté de *-rs-*, notamment *pirschdau* à côté de *pirsdau*, et *pogirschnan* à côté de *pogirsnan* (v. BERNEKER, *Die preuss. Spr.*, p. 167 et suiv.). On citera aussi *uschts* « sixième », cf. skr. *ṣaṣṭáḥ* (le degré zéro de l'élément présuffixal du mot vieux-prussien est correct au point de vue indo-européen).

Pour l'arménien, il est malaisé de trouver un témoi-gnage valable. Les exemples *tharšam* et *garšim* ont été repoussés par M. PEDERSEN, KZ XXXIX, p. 413 ; et en effet *rs donne arm. *r̊* dans des cas sûrs comme *or̊* = v.h.a. *ars*, gr. ὄρρος, et *thar̊am* « sec », synonyme de *tharšam*. Mais il semble bien que le représentant *s* de i.-e. *ks ait passé par une prononciation chuintante ; autrement on ne s'expliquerait pas arm. *veš-tasan* « seize », en face de *veç* « six », cf. gr. ῾ϝέξ ; quand le *š* de *veštasan* s'est fixé, la prononciation devait être quelque chose comme *č̣‘ (le *č̣‘* historiquement attesté dans une série de mots résulte, en revanche, d'altérations postérieures) ; de même le correspondant *ar̊ǰ* « ours » de skr. *r̊kṣaḥ*, gr. ἄρκτος, etc., a transformé en sonore *ǰ* le *č̣‘ ancien répondant à skr. *kṣ* et gr. κτ, avant que ce *č̣‘* ait perdu sa prononciation chuintante, d'où *ar̊ǰ* en face de *vec‘* « six » ; on ne saurait dire que *ǰ* réponde ici à *-ksy- car il n'y a nulle part trace d'un *y dans le nom de l'ours (lat. *ursus*, irl. *art*, etc.), et rien ne prouve que*-ksy- ait donné *ǰ* ; car le rapprochement de arm. *aǰ* « droit » avec gr. ἄξιος ne vaut pas celui avec skr. *sādhúḥ* proposé depuis par M. LIDÉN, *Arm. Stud.*, p. 75 et suiv. Il y a ainsi trace de *š* en arménien au moins après gutturale.

Le passage de *s* à *š* en certaines conditions est donc constant en indo-iranien ; en slave, il subit une grave limitation (qui résulte peut-être d'un retour de *š* à *s* au moment où *š* est devenu *x*) ; en Baltique, il est seulement partiel ; en arménien, il n'y en a que des traces douteuses ou contestées pour la plupart. Sur l'albanais, il est malaisé de se prononcer parce que le traitement de *s* y est très compliqué. Quant aux autres langues, on n'y rencontre pas de *s* représenté par une ancienne chuintante qui puisse être de date indo-européenne. La ligne du traitement *s* / *š* coïncide donc en gros avec celle du traitement des gutturales ; et ceci est important ; car, dans les deux cas, il y a innovation parallèle des dialectes orientaux.

2° *h*.

Le passage de *s* à *h*, qui est un simple phénomène d'ouverture de la consonne, s'est réalisé dans le domaine celtique d'une manière tout à fait indépendante. L'*s*-initial se maintient généralement en gaulois et en irlandais ; toutefois, dans les mots inaccentués et accessoires, *s* est devenu en irlandais *h*, qui est tombé ; de là, le contraste de v.irl. *samail* « ressemblance » et de *amail* (*amal*) « comme » ; dans les dialectes brittoni-ques, le passage de *s* initial à *h* est constant devant voyelle.

Dans trois langues indo-européennes, dont le groupement est significatif, à savoir en grec, en arménien et en iranien, le passage de *s* à *h* a lieu, non comme en brittonique à date relativement récente, mais antérieurement aux plus anciens textes Et, dans les trois, la formule est exactement la même : passent à *h* les *s placés devant voyelle à l'initiale et entre voyelles à l'intérieur du mot, et de plus une partie des *s devant et après sonantes; *s subsiste avant et après une occlusive. En ce qui concerne l'iranien, le passage de *s à *h* est antérieur aux inscriptions achéménides, aux gāthās et aux premières transcriptions de noms iraniens en grec (témoin Ἰνδός). En arménien, le passage de *s à *h* n'est pas seulement antérieur aux plus anciens textes, ce qui n'est pas beaucoup dire ; mais, à l'époque de ces textes, *h* issu de *s* est déjà tombé entre voyelles à l'intérieur du mot sans exception, et à l'initiale dans la plupart des cas : *ewthn* « sept », *omn* « quelqu'un » (cf. got. *sama* « même », *sums* « quelqu'un »), *am* « année » ; et là où l'on a *h*, comme dans *hin* « ancien », on peut se demander si ce *h* est plus étymologique que celui de *hum* « cru », cf. ὠμός, skr. *āmáḥ*, irl. *om* ; de *han* « grand' mère », cf. lat. *anus*, v.h.a. °*anna*, gr. ἀννίς ; de *haw* « grand-père », cf. lat. *auos*, v.pruss. *awis* ; de *haw* « oiseau », cf. lat. *auis* ; de *hasanel* « arriver », cf. skr. *aśnóti* ; etc. ; le *h* issu de *p initial se maintient encore à peu près constamment au contraire : *heru, het* (mais *otn*), *hur, hayr*, etc. En grec, le passage de *s* à *h* est aussi de beaucoup antérieur à l'époque historique ; *h* intervocalique n'a laissé de traces dans aucun dialecte ; *h* initial (esprit rude) se maintient dans une partie des parlers, mais a disparu d'un grand nombre d'autres dès avant l'époque des premiers textes épigraphiques et littéraires (v. THUMB, *Spiritus asper, passim*). La concordance de ce passage de **s* à *h* dans trois langues voisines, et en des conditions pareilles, semble indiquer un fait dialectal de date indo-européenne.

Mais c'est un fait indo-européen relativement récent. On a deux indices de ce caractère peu ancien du phénomène.

1° Le passage de *s* intervocalique à *h* en iranien est postérieur au changement de **s* en *s* après *i* et *u* ; car on a iran. *iša, uša*, et non *iha, uha*. On voit par là que le changement, s'il est de date indo-européenne, a eu lieu de manière autonome dans chaque parler, comme tous les autres changements considérés ; ce point ne doit jamais être perdu de vue[2].

2° L'assimilation de **s* initial à une ancienne prépalatale a eu lieu avant le passage de **s* initial à *h* devant *w* en arménien, comme le montre arm. *skesur* « mère du mari », cf. gr. ʻϝεκυρά̄, zd *x^vasura-* (lit. *šẽšuras*, skr. *śváśuraḥ*, ont subi la même assimilation que l'arménien).

---

[2] Addition : dans les *Sitzungsberichte* de l'Académie de Berlin, 1908/1, p. 16 et suiv., M. Eduard MEYER signale, parmi les dieux indo-iraniens adorés par le roi de Mitani (XIVᵉ siècle av. J.-C), les *nāsatya*. Si, comme l'admet M. MEYER, le mot doit être tenu pour iranien (*ib.*, p. 18), le passage de *s* intervocalique à *h* serait un fait relativement récent ; mais, à une date aussi éloignée de celle où les Iraniens sont attestés, rien ne prouve qu'il s'agisse ici de dieux proprement iraniens ; ces dieux peuvent être ceux d'Aryens autres que les Iraniens, de ceux qui devaient aller dans l'Inde, ou d'autres qui auraient disparu.

L'assimilation n'a pas eu lieu en iranien, ainsi que l'indique zd *x^vasura*.

Remarques complémentaires de la 2e édition :

P. 108 et suiv. Le passage de *s* à *h* à l'initiale des mots et en position intervocalique, tel qu'on l'observe en iranien, en arménien et en grec, ne prouve sans doute guère pour un rapprochement des originaux indo-européens de ces trois langues. Ce n'est, en effet, que l'une des marques de la faiblesse d'articulation des consonnes qui les caractérise toutes les trois (v. *MSL* XIV, p. 163 et suiv.).

On ne peut non plus faire état de la force relative de l'articulation des sifflantes devant les occlusives en iranien, en arménien, en slave et en grec, par contraste avec la débilité relative des mêmes consonnes dans l'Inde, d'une part, en italique (et surtout en celtique), d'autre part (v. *MSL* XXI, p. 211 et suiv.), parce que le désaccord existant à cet égard entre des parlers aussi étroitement unis que l'indien et l'iranien semble exclure une division dialectale de date indo-européenne.

CHAPITRE XIII

Les mutations consonantiques du germanique et de l'arménien

Le germanique et l'arménien présentent des mutations consonantiques de tout point semblables. Cette symétrie des deux langues, signalée pour la première fois, *MSL* VII, 161 et suiv. (cf. depuis A. MEILLET, *Esquisse d'une gramm. comp. de l'arm. class.*, p. 7 et suiv.) est encore mise en doute par HÜBSCHMANN, *Arm. Gramm.*, I, 407 et suiv., mais elle a été entièrement confirmée par l'étude détaillée de M. PEDERSEN, *KZ* XXXIX, p. 334 et suiv. et par les nouveaux rapprochements de M. LIDÉN, *Arm. Stud.* (Göteborg, 1906). Elle sera tenue ici pour acquise.

Sur les anciennes sonores aspirées, on ne peut presque rien dire. Pour le germanique, on enseigne d'ordinaire, à la suite de M. H. PAUL, que i.-e. **gh*, **dh*, **bh* y seraient représentés par des spirantes sonores γ, đ, ƀ ; mais les preuves sur lesquelles repose cette doctrine n'ont rien de décisif. On s'appuie sur le fait, qui semble en effet certain, que entre voyelles, le germanique commun avait γ, đ, ƀ ; mais les consonnes intervocaliques tendent en général à s'ouvrir, et la prononciation spirante des sonores intervocaliques trouve en iranien, en arménien et en irlandais des pendants exacts ; c'est du reste un des traits les plus curieux du parallélisme de développement (autonome) de chacun des dialectes occidentaux (autres que le grec) que « l'ouverture » des consonnes intervocaliques, ouverture dont la prononciation spirante des sonores germaniques entre voyelles n'est qu'un cas particulier ; ces phénomènes d'ouverture des intervocaliques se manifestent dans des cas divers et de manières diverses en latin (et ensuite à des degrés divers dans chacune des langues romanes), en osque et en ombrien, dans les dialectes celtiques (sous des formes très différentes en brittonique d'une part, en gaélique de l'autre) et dans les dialectes germaniques (notamment sous forme de sonorisation des sourdes intervocaliques) ; au contraire le grec et surtout le baltique et le slave conservent en général aux intervocaliques le même traitement qu'aux initiales, et c'est l'une des particularités les plus originales de ces trois langues que la conservation des consonnes intervocaliques ; il n'y a donc rien à conclure, pour le cas de l'initiale, du traitement spirant intérieur des sonores représentant en germanique les sonores aspirées indo-européennes. — On s'appuie d'autre part sur ce que certains dialectes germaniques occidentaux, notamment le vieil anglais, ont, même à l'initiale, un *g* spirant : mais *g* est, d'une manière générale, sujet à devenir spirant en des cas où les autres occlusives sonores demeurent, ainsi en tchèque et en petit russe, ou en arabe. Il n'y a donc pas de raison de croire que *bh, *dh, *gh sont représentés par des spirantes en germanique commun ; là où l'on rencontre des spirantes, des faits connus de phonétique générale permettent de les expliquer aisément en partant de *b, d, g* germaniques communs. — Les consonnes arméniennes qu'on transcrit par *b, d, g, ǰ, j* sont des sonores ; elles possédaient sans doute quelques particularités de l'émission glottale qu'il n'est pas facile de définir (cf. PEDERSEN, *KZ* XXXIX, p. 336 et suiv.). Le *b* intervocalique est devenu la spirante qui est notée *v* ou *w* suivant la voyelle qui précède.

Si on laisse de côté les sonores aspirées qui n'offrent pas d'intérêt spécial, et les sourdes aspirées dont il a déjà été question, on voit que l'arménien et le germanique s'accordent à présenter deux innovations :

1° Les anciennes sonores simples *b, *d, *g, sont représentées par des sourdes, soit got. *p, t, k, q* ; arm. *p, t, c, k*. Ces sourdes arméniennes devaient être des douces, et non des fortes, à en juger par les dialectes modernes, dont les uns ont des sourdes douces (type « oriental ») et les autres des sonores (type « occidental »).

2° Les anciennes sourdes simples sont représentées en arménien par des sourdes aspirées douces : *th*, *kh* ; le **ph* doux a déjà passé à *h* à l'initiale, à *w*, *v* entre voyelles ; la prépalatale **k*₁ donne *s*. — Le germanique commun n'a plus les sourdes aspirées douces que l'arménien a encore en partie, mais déjà les spirantes sourdes qui en sont issues : *x-* (d'où got. *h*), *þ*, *f* ; la différence est la même, on le voit, qu'entre gr. φ, θ, χ et lat. *f*, *h* (qui répondent à skr. *bh*, *dh*, *gh*, *h*) ; en position intervocalique, les spirantes sont devenues sonores ; la sonorisation est empêchée après la voyelle de la syllabe initiale quand celle-ci porte le ton (loi de VERNER, qui n'est prouvée que pour ce cas tout particulier du commencement du mot) ; après les autres voyelles, les conditions de la sonorisation ne sont pas définies dans la plupart des dialectes ; en gotique, il n'y a pas sonorisation quand une sonore ouvre la syllabe précédente (loi de WREDE-THURNEYSEN).

Le principe du fait arménien et du fait germanique est le même : seulement pour le germanique, on ne trouve attestée qu'une phase relativement avancée du développement dont l'arménien présente encore presque le début. Le changement essentiel des sourdes et des sonores se laisse ramener à une formule unique : les vibrations glottales sont retardées par rapport à l'explosion de l'occlusive (cf. *IF* X, p. 63 et suiv.). Dès lors, les sourdes qui, au témoignage de toutes les langues indo-européennes autres que le germanique et l'arménien, étaient fortes et non aspirées, deviennent des aspirées : les vibrations glottales, au lieu de commencer aussitôt après l'explosion, sans aucun intervalle, comme il arrive aujourd'hui dans la plupart des langues romanes et slaves par exemple, ne commencent que plus tard, et un, souffle sourd s'insère entre l'explosion et le commencement de la voyelle : *t* devient *th* et *k* devient *kh*, ce qui est l'état de l'arménien ancien ; ces aspirées sont des douces articulées sans intensité, à peu près comme des sonores ; par suite elles sont sujettes à devenir sonores en de certaines conditions (après *n* et *r* en arménien, ou aussi dans des mots accessoires comme le démonstratif arm. *da* « iste » et le pronom arm. *du* « toi »)[1] ou spirantes, ce qui a eu lieu en germanique. Quant aux sonores indo-européennes, les vibrations glottales commençaient sans doute au moment même de l'implosion, ce qui est l'état présenté aujourd'hui par la plupart des langues romanes et slaves ; retardées en germanique et en arménien, elles n'ont plus commencé qu'au moment de l'explosion ; les sonores devenaient ainsi des sourdes douces, état représenté par l'arménien ; ces douces sont devenues des fortes par la suite en germanique (sur le principe physiologique des développements supposés ici, v. IF, *Anz.* XV, p. 216 et suiv.).

La concordance des faits arméniens et germaniques est complète, et il est très tentant d'en reporter le point de départ à une innovation dialectale de date indo-européenne, les premières objections qui se présentent tout d'abord se laissant lever à la rigueur. — 1° L'arménien et le germanique sont parlés en des régions assez éloignées, au moment où l'un et l'autre apparaissent dans l'histoire ; mais l'arménien a sûrement été transporté loin de son centre d'origine et a pris la place d'une langue antérieure tout autre, dont on possède des inscriptions en caractères cunéiformes, les inscriptions vanniques ; et un témoignage historique, que les faits linguistiques ne confirment pas entièrement, mais n'infirment pas non plus, fait descendre les Arméniens

---

[1] Sur le traitement *d* de i.-e. *t* dans arm. *da, du,* v. maintenant *MSL* XV, p. 91 et suiv.

des Phrygiens, et ceux-ci des Thraces (v. KRETSCHMER, *Einleitung*, p. 208 et suiv., et HIRT, *Die Indogermanen*, p. 600). Toutefois, les restes du phrygien et du thrace que l'on possède n'ont rien qui indique même un commencement de mutation consonantique. — 2° Certains mots empruntés à des langues voisines ont subi la mutation consonantique ; ainsi le nom de peuple gaulois *Volcae* est représenté par v.h.a. *Walah*, v. angl. *Wealh* ; le mot achéménide **paridaiza-* jardin » (zd *pairidaēza-*, gr. παράδεισος) a fourni arm. *partēz* (avec *t* et non *d*) ; mais on conçoit que, à un moment donné, **kh* ait été le phonème germanique préhistorique qui rendait de la manière la moins inexacte un *k* gaulois ; de là est sorti le *x* germanique, d'où *h* ; on conçoit de même que la douce sourde *t* ait été le phonème arménien qui rendait le moins mal l'occlusive sonore iranienne *d* en certains cas. Ces emprunts n'établissent donc pas que le commencement des mutations consonantiques de l'arménien et du germanique ne soit pas de date indo-européenne. — L'alphabet runique, dont la constitution est très ancienne, atteste déjà un achèvement total du premier stade de la mutation (v. HEMPL, *Journ. germ. phil.* IV, p. 70 et suiv.).

Toutefois, il n'y a pas de raison décisive qui oblige à reporter les deux mutations à un fait dialectal indo-européen. Tout d'abord, il ne s'agit que de deux langues, et par suite la force probante de la concordance est le plus faible possible. En second lieu, les mutations consonantiques ne sont pas des faits rares ou particuliers aux deux langues en question ; les dialectes bantous en offrent de tout pareils ; l'araméen représente par des aspirées (devenues spirantes entre voyelles) les sourdes sémitiques non emphatiques. Et surtout, les deux mutations, celle du germanique comme celle de l'arménien, n'apparaissent pas comme des restes de transformations phonétiques très anciennes, dont les effets subsistent, mais

125

dont l'action a cessé, ce qui est le cas de tous les faits phonétiques étudiés dans les chapitres précédents. Les tendances dont les lois de mutation consonantique arméniennes et germaniques sont l'expression ont commencé d'agir avant l'époque historique, mais elles sont encore en pleine action à cette époque même et persistent en partie jusqu'à présent. Une seconde mutation a eu lieu en effet en haut allemand. Et la prononciation aspirée (ou affriquée) des sourdes *p, t, k*, la prononciation en partie sourde des sonores *t, d, g* en anglais et en danois constituent aussi en réalité une seconde mutation, qui pour être moins évidente que celle du haut allemand, n'en est pas moins réelle. En allemand même, la prononciation aspirée des sourdes, et la prononciation assourdie des sonores que décrit très bien M. ROUSSELOT, *Principes de phonétique expérimentale*, p. 197 et suiv., constituent une troisième mutation consonantique. Certains dialectes arméniens offrent de même une seconde mutation consonantique, dont les expériences de M. ADJARIAN, consignées dans la *Parole*, 1899, p. 119-127, et analysées dans les *Principes* de M. ROUSSELOT, p. 502 et suiv., donnent une idée. La persistance de la tendance à la mutation jusqu'à l'époque présente n'indique pas une date très ancienne pour le phénomène.

Il y a donc de grandes chances pour que la mutation ait eu lieu de manière indépendante en arménien et en germanique. M. HIRT (*Die Indogermanen*, p. 616) a supposé que la mutation consonantique est une conséquence immédiate du développement d'un accent d'intensité ; mais des langues qui ont un fort accent d'intensité comme l'irlandais ou le russe moderne n'ont pas de mutations pareilles ; et le passage de *p, t, k* à *ph, th, kh* n'est qu'une des parties de la mutation. Les faits toscans relevés par M. JOSSELYN dans son travail sur la phonétique italienne (paru dans la *Parole*, et séparément comme thèse de l'Université de Paris) montrent comment peut se produire un phénomène de ce genre : M. JOSSELYN a observé à Sienne une prononciation aspirée des sourdes (prononciation qui explique la forme spirante prise par les sourdes intervocaliques en toscan) et une prononciation assourdie (à la manière allemande) des sonores ; or le toscan est du latin parlé par des descendants d'hommes dont la langue était l'étrusque, et l'on sait que l'étrusque n'avait pas d'occlusives sonores. M. SCHUCHARDT (*Slawodeutsches und Slawoitalienisches* [1883], p. 12 et suiv.) a déjà indiqué l'hypothèse que certaines particularités de la prononciation des consonnes en toscan résulteraient du maintien de prononciations étrusques. Au moment où les dialectes indoeuropéens qui sont devenus l'arménien et le germanique ont été assimilés par des populations qui aspiraient les sourdes et n'avaient pas de vraies sonores, la mutation a pu commencer, et la tendance a persisté dès lors, produisant pendant un temps illimité, et aujourd'hui encore, des effets nouveaux. Si, comme le croit M. HIRT, les Germains occupent en partie le domaine qui était le domaine indo-européen commun, il n'en résulte pas qu'ils aient occupé la région sans interruption, ni qu'ils n'aient pas subi d'invasion étrangère tout en préservant leur langue, ni qu'ils n'aient pas absorbé des populations voisines qu'ils auraient soumises. Les faits sont inconnus, mais il ne manque pas de possibilités qui rendent légitime l'hypothèse présentée ici de l'influence d'un substrat étranger[2].

---

[2] Addition : en ce qui concerne l'arménien, M. PEDERSEN, *KZ* XXXIX, p. 438 et suiv., a repoussé l'hypothèse d'un substrat caucasique. Une question de pareille importance ne peut être discutée ici d'une manière incidente. Il demeure frappant que le système des occlusives et mi-occlusives, avec la triple série de sourdes, sourdes aspirées et sonores, est le même en arménien et en géorgien. Et, si certaines langues présentent un passage de *p* à *f*, ou de *g* à γ, ces changements propres à tel ou tel phonème isolé qui était particulièrement exposé à des altérations sont essentiellement distincts de la

Dans ses *Grondbeginselen der psychologische Taal-wetenschap*, II, p. 240 et suiv.[3], le P. Jacob VAN GINNEKEN a exposé en détail une hypothèse analogue pour le germanique ; mais il a eu le tort d'attribuer à une influence celtique le point de départ de la mutation consonantique. Sans rechercher si le celtique a pu exercer sur le germanique une influence aussi profonde — quelques emprunts de vocabulaire (en partie contestables en l'espèce) ne prouvent jamais une forte influence linguistique —, il suffit en effet de constater que le celtique lui-même n'a aucune trace de mutation : il présente une ouverture des consonnes intervocaliques, comme M. PEDERSEN l'a montré ; mais cette ouverture, qui a eu lieu séparément dans chacun des dialectes celtiques, n'a rien de commun avec la mutation consonantique ; dont le principe est tout entier dans un retard des vibrations glottales par rapport à l'explosion des occlusives ; d'autres phénomènes sont consécutifs à ce premier changement et en résultent directement ou indirectement ; de là proviennent quelques coïncidences partielles, tout accidentelles, avec des faits irlandais ; mais toutes les complications ultérieures ne doivent pas faire perdre de vue le fait initial. M. BRÉAL a aussi supposé que la mutation consonantique du germanique est due à une influence étrangère, mais sans pouvoir déterminer cette influence qui demeure énigmatique (v. *Revue de Paris*, XIV, 6 [année 1907], p. 59 et suiv.).

Il convient donc sans doute de séparer les faits arméniens des faits germaniques : les possibilités phoné-

---

mutation totale qui caractérise l'arménien comme le germanique. Comme l'arménien fournit l'exemple le plus certain d'un dialecte indo-européen occupant, à date historique, un domaine où se parlaient auparavant d'autres langues, le fait qu'il présente une mutation consonantique est significatif, et semble bien indiquer l'influence d'un substrat étranger en pareil cas.

[3] Voir maintenant l'édition française de ce remarquable ouvrage, *Principes de linguistique psychologique*, p. 465 et suiv.

tiques sont en nombre très limité, et la réalisation d'une même possibilité dans deux langues indo-européennes ne suffit pas à autoriser l'hypothèse d'un rapprochement dialectal à l'intérieur de l'indo-européen.

L'arménien et le germanique appartiennent du reste à des groupes assez différents et ne présentent aucune autre particularité qui ne serait propre qu'à ces deux langues. Il y a entre les deux des ressemblances de structure assez frappantes, mais qui tiennent à des développements indépendants. Ainsi le germanique et l'arménien s'accordent à former leur participe passé et leur infinitif au moyen d'un même suffixe ; mais ce suffixe est *-no-* en germanique (got. *baurans* et *bairan*), *-lo-* en arménien (arm. *bereal* et *berel*). L'infinitif est unique et tiré du thème du présent, ce qui s'explique facilement en germanique : seul le thème du présent a conservé son participe actif, tandis que le thème du prétérit n'en a aucun ; la même explication doit s'appliquer à l'arménien, bien que, à date historique, le participe présent actif se trouve n'y être pas plus attesté que le participe prétérit actif. De pareils parallélismes de développement n'établissent pas une parenté dialectale.

CHAPITRE XIV

L'augment

L'augment n'est attesté que dans trois langues : indo-iranien, arménien, grec ; il manque entièrement partout ailleurs.

L'absence d'augment dans la plus grande partie du domaine indo-européen ne saurait surprendre ; car, même dans les langues où il existe, les plus anciens textes en révèlent un emploi facultatif. S'il est de rigueur dans les inscriptions achéménides, il fait défaut presque constamment dans l'Avesta ; dans les anciens textes védiques il manque souvent ; et, aussi longtemps que les formes à augment ont persisté en pâli et dans les prâkrits, ce caractère facultatif se maintient. En grec ancien, l'augment est de rigueur dans tous les dialectes ; seule, la langue homérique a encore la faculté de n'en pas user, conservant par archaïsme littéraire, ici comme ailleurs, des habitudes abolies dans la langue parlée. En védique et dans les prâkrits, comme chez Homère, c'est surtout l'étendue du mot qui tend à régler la présence et l'absence de l'augment, comme l'a montré M. WACKER-NAGEL, *Wortumfang und Wortform*, *Nachrichten* de l'Académie de Goettingue, 1906. Ce qui n'est qu'une tendance dans ces vieux textes est, en ancien arménien, une règle absolue : reçoivent l'augment les formes verbales commençant par une consonne qui, sans cette addition, seraient monosyllabiques : *eber* « il a porté = gr. ἔφερε », skr. *ábharat*, en face de *beri* « j'ai porté » ; *etu* « j'ai donné » en face de *tuakh* « nous avons donné » ; et, comme le monosyllabisme d'une forme telle que arm. **ber* ou *ac* « il a conduit » est dû à une chute de voyelle finale proprement arménienne, cette règle atteste indirectement le caractère facultatif de l'augment en arménien préhistorique, c'est-à-dire un état pareil à celui que présentent en fait le védique et le grec homérique.

L'augment n'est pas un élément essentiel et constitutif de la forme verbale ; on l'a prouvé depuis longtemps en invoquant le fait hellénique suivant : de même qu'il ne peut reculer au-delà du préverbe qui précède immédiatement le verbe, le ton ne peut reculer en grec au delà de l'augment ; on a παρ-έ-σχον comme συμ-πρό-ες. L'augment est donc traité comme un préverbe, c'est-à-dire comme un mot qui, en indo-européen, était rigoureusement autonome. — Et, en effet, si l'augment faisait partie de la forme verbale, il serait un préfixe ; or, il n'y a aucun autre préfixe en indo-européen, et l'augment serait l'unique exemple de préfixation dans le système grammatical indo-européen tout entier.

Dans les trois langues où il figure, l'augment a très longtemps persisté. Le grec moderne en fait encore usage régulièrement, malgré les chutes fréquentes de voyelles initiales qui caractérisent éminemment cette langue. Tout altéré qu'il soit à la date relativement basse où il est attesté, l'arménien l'emploie d'une manière constante dans les conditions indiquées, et, s'il ne le possède plus au Moyen-Âge et à l'époque moderne, c'est qu'il a progressivement éliminé les formes où figurait l'augment et a obtenu le polysyllabisme de toutes les personnes de l'aoriste par d'autres procédés. Dans l'Inde, l'augment a duré autant que les formes d'impar-faits et d'aoristes où il était en usage ; le pâli et les prâkrits le possèdent encore. En iranien, la substitution des formes participiales aux formes personnelles a entraîné naturellement la perte de l'augment déjà en pehlvi ; mais, dans un dialecte éloigné où l'aoriste s'est maintenu par exception, le yaghnobi, l'augment s'est maintenu aussi jusqu'à présent (GEIGER, *Grundr. d. iran. Phil.* I, 2, p. 340 et suiv.). En dépit de son caractère anciennement facultatif et accessoire, l'augment est donc un élément stable dans les trois groupes de langues indo-européennes qui le possèdent.

Il est dès lors très significatif que l'augment ne se rencontre absolument pas dans toutes les autres langues indo-européennes.

Puisque l'augment n'est jamais un élément essentiel et nécessaire de la forme verbale — ou du moins n'est devenu nécessaire qu'au cours du développement du sanskrit, du vieux perse, du grec, de l'arménien — il n'y a pas lieu de s'étonner qu'il manque tout à fait sur un vaste domaine continu.

Et cette absence de l'augment n'est pas due à une chute relativement récente. Car, d'une part, même dans des conditions où, à en juger par l'indo-iranien, le grec et l'arménien, on s'attendrait à trouver trace de l'augment, il n'en subsiste rien dans les langues en question, pas même dans des formes isolées. Et d'autre part, l'absence d'augment a déterminé ou contribué à déterminer le développement pris par les formes verbales.

L'absence totale d'augment dès les plus anciens textes et dans tous les dialectes de l'italique, du celtique, du germanique, du baltique et du slave est caractéristique. L'italique est connu à une date un peu moins ancienne que l'indo-iranien et le grec, mais aussi avant l'époque chrétienne ; et il l'est par plusieurs dialectes bien distincts ; or, dès l'inscription de Duenos, on trouve un prétérit latin sans augment *fēced*, et ni le latin, ni l'osque, ni l'ombrien n'ont un seul reste d'augment. Les autres langues sont connues plus tard, mais les unes, comme le gotique, le norrois runique, l'irlandais, à peu près à la même date que l'arménien, d'autres, comme le vieux-prussien, le lituanien, les dialectes slaves, sous des formes très archaïques ; et pour toutes, on possède des dialectes divers en plus ou moins grand nombre ; nulle part, il n'y a trace d'augment. On a parfois cherché un augment dans got. *iddja* « je suis allé » ; mais maintenant on a presque universellement renoncé à le faire (cf. TRAUTMANN, *Germanische Lautgesetze*, p. 48). Il suffit d'opposer ce manque constant d'augment dès la date la plus ancienne et dans tous les dialectes de ces langues à la longue persistance de l'augment en grec, en indo-iranien et en arménien pour conclure à l'absence initiale de ce procédé morphologique sur tout le domaine considéré.

Et c'est ce que confirme l'examen des formes du prétérit dans ces mêmes langues. Les désinences secondaires ne suffisent pas à opposer clairement l'imparfait au présent ; des formes comme hom. φέρομεν, φέρετε, sont même entièrement ambiguës à cet égard. Le système de l'imparfait et du présent, skr. *ábharam* à côté de *bhárāmi*, gr. ἔφερον à côté de φέρω, ne s'est donc maintenu qu'en indo-iranien et en grec, dans les langues où existait l'augment, par lequel se caractérisaient les formes trop peu nettes. Le slave a encore des traces d'imparfait ; mais ces formes servent d'aoriste, et ce ne sont que des restes isolés : les quelques aoristes radicaux tels que *padŭ* « je suis tombé » à côté de *pade*, et les 2e et 3e personnes du type *nese* qui remplissent une lacune des aoristes en -*s*-, tels que *nĕsŭ*. Le slave et le latin ont remplacé par des formes nouvelles : v.sl. *nesĕaxŭ*, lat. *ferēbam*, l'ancien imparfait qui, sans augment, n'était pas assez caractérisé. En irlandais, les désinences secondaires ont été affectées à un emploi tout particulier : distinction de la flexion conjointe et de la flexion absolue (cf. *Revue celtique* XXVII, p. 369 et suiv.) ; et il a été créé une forme nouvelle, dite souvent présent secondaire, qui ne continue pas l'ancien imparfait. Le lituanien a formé un imparfait d'habitude, tout aussi nouveau que *ferēbam* et *nesĕaxŭ*, le type *sùkdavau*. Le germanique n'a rien qui tienne la place de l'imparfait. Les mêmes langues ont constitué un prétérit qui tient de l'aoriste et du parfait indo-européens, et qui présente des caractéristiques très nettes et bien définies, en grande partie spéciales à chaque langue : lat. *probāuī*, osq. **prúfatted**, v.irl. *ro carus* « j'ai aimé », got. *salboda* « j'ai oint », lit. *pãsakojau* « j'ai raconté », v.sl. *dělaxŭ* « j'ai fait » sont autant de formations originales, où le prétérit a une expression indépendante des désinences secondaires, et où même, comme en irlandais et en lituanien, la distinction des désinences primaires et secondaires peut n'avoir plus aucun rôle. Ainsi la manière dont l'italique, le celtique, le germanique, le baltique et le slave ont éliminé l'imparfait et exprimé le prétérit suppose que l'absence d'augment est ancienne dans tout ce groupe de langues, donc de date indo-européenne.

Il y a par suite lieu de poser ici deux groupes dialectaux indo-européens distincts ; et ceci montre que des lignes d'isoglosses peuvent être tracées à l'intérieur de l'indo-européen aussi bien en morphologie qu'en phonétique. C'est ce que confirme l'examen d'un certain nombre de cas, où la répartition dialectale est un peu moins évidente.

CHAPITRE XV

Le parfait

Le parfait est en indo-européen une formation singulière à tous égards : il a des désinences qui lui sont propres, à l'actif et peut-être même au moyen, et un suffixe de participe actif (surtout au singulier) qui lui est aussi particulier ; le vocalisme prédésinentiel du singulier actif est le vocalisme *-o-* (et non *-e-*), contrairement à ce que l'on observe dans la plupart des autres formes athématiques (toutefois v.angl. et v.sax. *dōm*, v.h.a. *tuom* « je fais », et arm. *utem* « je mange » montrent que le timbre *o* n'était pas entièrement exclu du présent radical athématique) ; le redoublement est régulièrement en *e* (gr. λέλοιπα) ou reproduit un *i* ou un *u* de la racine (skr. *tutude* = lat. *tutudī*, skr. *riréca*) ; enfin le ton, au lieu de se mouvoir entre la syllabe initiale du thème et la désinence, comme au présent (véd. *bíbharmi, bibhr̥mási* ; gr. διδοῦσαι, διδούς, mais δίδοσθαι) se meut entre la syllabe prédésinentielle et la désinence (skr. *jajā́na, jajñúḥ* ; gr. λελεῖφθαι, λελειμμένος, comme λελοιπέναι, λελοιπώς). Aussi le parfait n'est-il conservé qu'en grec et en indo-iranien à l'état de formation autonome, c'est-à-dire seulement dans les deux langues connues à la date la plus ancienne et sous la forme la plus archaïque. Cette circonstance complique l'étude de la situation dialectale ; néanmoins, si l'on examine l'ensemble des langues indo-européennes, il apparaît des concordances qui semblent indiquer des distinctions de dialectes à ce point de vue.

En grec et en indo-iranien, le parfait se maintient d'abord tel quel, sans altération essentielle. En grec, il s'est même largement développé ; tous les verbes, y compris les dénominatifs, ont reçu un parfait du type τετίμηκα (création purement grecque). Puis la forme a été éliminée : les dialectes modernes indiens, iraniens et helléniques n'en ont rien gardé, ou à peu près rien. L'arménien est connu à date trop basse pour que le parfait y soit conservé ; mais il coïncide avec les dialectes indo-iraniens et helléniques de basse époque en ceci que l'élimination a été totale, et que le parfait n'y subsiste pas même à l'état de traces isolées, ou de restes dans d'autres formes.

Au contraire, dans les autres langues, dès le début de la tradition, le parfait n'existe plus à l'état de forme autonome ; mais ses débris ont contribué, dans une mesure plus ou moins large, à la formation du prétérit.

Les langues où le parfait s'est ainsi fondu avec l'aoriste pour fournir un prétérit sont, on le voit, les mêmes que celles où l'augment fait défaut dès le début : l'augment distinguait profondément du parfait les diverses formes de prétérit et rendait toute confusion impossible ; car, sauf dans son prétérit (dit plus-que-parfait), qui est d'emploi assez rare, le parfait ignore l'augment. La distinction entre l'indo-iranien, l'arménien, le grec, d'une part, et les autres langues, de l'autre, est donc en partie une conséquence du fait dialectal examiné au chapitre précédent.

Mais il y a sans doute une autre cause. En grec et en indo-iranien, l'emploi du redoublement au parfait est à peu près constant. En grec, le redoublement a même été étendu à tous les verbes dérivés, si bien qu'il n'a plus le caractère qu'il avait en indo-européen d'une réduplication partielle de la racine, mais qu'il est devenu simplement la répétition de la consonne initiale du verbe suivie d'une voyelle ε : πεφίληκα, τετίμεκα, δεδήλωκα, etc. ; cette transformation, qui a d'abord conduit à étendre le rôle du redoublement, en a entraîné par la suite la perte, en lui enlevant sa signification profonde : la répétition d'une consonne initiale n'a un sens qu'en tant qu'elle est un redoublement abrégé de la racine. Les

cas de parfaits indo-européens communs sans redoublement sont isolés et peu nombreux. Les principaux se
rencontrent dans les racines commençant par *w* ; il y a
ici l'exemple indo-européen général : skr. *véda*, gāth.
vaēdā, gr. ϝοῖδα, got. *wait*, v.sl. *vědě* (et *vědmĭ*), v.pruss.
waidimai, arm. *gitem* ; l'ionien a οἶκα en face de hom.
(ϝ)έ(ϝ)οικα ; le védique a *viśivā́n* ; l'arm. *gom* « je suis »
(verbe indiquant l'existence) ne saurait s'expliquer
mieux qu'en partant d'un parfait correspondant à got.
was (cf. sur ces formes et quelques autres, BRUGMANN,
Grundr. II^1, p. 1212 et suiv.) ; le groupement de ces
exemples suggère l'idée que l'absence de redoublement
serait en rapport avec la forme spéciale de redoublement, sans voyelle, qui est de règle en sanskrit dans les
racines à *v* initial, type *uvā́ca*, *ūcúḥ*. Les autres exemples
cités (v. WHITNEY, *Skr. gramm.*, § 790 *b* et *c*) sont peu
clairs ; ils s'expliquent en partie par des circonstances
particulières, et tous ne sont pas des parfaits ; le nombre
en est d'ailleurs négligeable par rapport à celui des
formes sanskrites à redoublement.

Au contraire, dans la mesure où le slave, le baltique,
le germanique, le celtique et l'italique ont des restes de
parfaits, le redoublement y manque souvent.

En baltique et en slave, il ne subsiste du parfait que le
participe actif, lequel est indépendant du prétérit à
formes personnelles, qui repose sur l'aoriste. Et ce
participe, qui a le suffixe du participe parfait et un
vocalisme qui s'explique par celui du parfait indo-
européen, est toujours sans redoublement : lit. *mìręs*,
mìrusi, v.sl. °*mĭrŭ*, °*mĭrŭši*, en regard de skr. *mamr̥vā́n*,
mamrúsi. Ces participes ont pu conserver parfois un
vocalisme radical particulier, distinct de celui du thème
de l'infinitif et de l'aoriste, et même de celui du présent,
ainsi v.sl. *vlŭkŭ* et *brŭgŭ*, mais ils n'ont jamais de
redoublement. Les formes baltiques et slaves sont trop
isolées pour prouver l'existence de formes sans redouble-

ment : les participes grecs modernes tels que βλαμμένος reposent sur βεβλαμμένος ; toutefois des formes comme *vlŭkŭ* et *brŭgŭ* du vieux slave sont assez archaïques pour donner au moins une indication.

Le prétérit germanique est, en grande partie, tiré du parfait indo-européen, comme le montrent le vocalisme et les finales du singulier, type got. *man*, *warþ*, etc. ; mais en règle générale, le gotique (presque le seul dialecte germanique où les formes à redoublement aient d'ordinaire gardé leur clarté) n'a de redoublement que là où le prétérit n'est pas caractérisé par un vocalisme *a* (ancien *o*) particulier : *stauta*, **staistaut* ; *halda*, *haihald* ; etc. ; seuls font exception quelques verbes à vocalisme *ē*, comme *saia*, *saiso* ; *teka*, *taitok* ; mais *slepa*, *saizlep* est conforme au principe général. On voit mal pourquoi le germanique, où le vocalisme du parfait est si bien conservé, aurait éliminé le redoublement, s'il n'avait eu des modèles anciens sans redoublement. — On pourrait alléguer que le prétérit germanique résulte d'une combinaison de parfaits et d'aoristes radicaux : got. *budun* peut être une 3e personne plur. d'aoriste radical athématique, et v.h.a. *liwi* est sûrement une 2e personne sing. d'aoriste radical thématique. Mais il y a une catégorie qui, par son sens, exclut tout mélange d'aoristes et qui a en effet à la 2e personne du singulier la désinence -*t* de parfait en germanique occidental, et non la forme d'aoriste du type v.h.a. *liwi* qui a été généralisée au prétérit dans un groupe germanique ; ce sont les prétérito-présents. Or, les prétérito-présents, qui sont de purs parfaits pour la forme et pour le sens, n'ont jamais de redoublement ; got. *man*, v.angl. *man* (2e pers. *manst*), en regard de gr. μέμονα ; got. *þarf* v.h.a. *darf* (2e pers. *darft*) ; etc. Ceci indique clairement que le germanique repose sur un dialecte où, dès l'époque indo-européenne, le redoublement manquait ou pouvait manquer.

140

Le latin emploie le redoublement du parfait dans la même mesure et de la même manière que le gotique : il y a redoublement là où le vocalisme du perfectum est le même que celui de l'infectum : *caedī, cecīdī* ; *tangō, tetigī* ; *canō, cecinī* ; *tundō, tutudī* ; *mordeō, momordī* ; etc. Les formes telles que *meminī* ont un vocalisme ambigu. Mais, quand le perfectum est caractérisé par le vocalisme, il n'y a pas de redoublement : *linquō, līquī* ; *uincō, uīcī* ; *fugiō, fūgī* ; *frangō, frēgī* ; *emō, ēmī* ; etc : rien ne permet du reste de déterminer si ces formes reposent sur d'anciens parfaits ou sur d'anciens aoristes. Les coïncidences entre le latin et le germanique relevées par M. HIRT, *IF* XVII, p. 279, résultent donc de l'application d'un principe général, et ne prouvent rien individuellement ; mais la coïncidence de principe est plus importante que ne le serait telle ou telle coïncidence de détail ; et, dans son *Ablaut*, p. 196, M. HIRT a eu grandement raison d'attirer l'attention sur l'importance des formes de parfait sans redoublement dans les dialectes occidentaux.

L'irlandais emploie le redoublement dans les mêmes cas que le latin et le gotique (voir les listes de verbes forts, VENDRYES, *Gr. du v. irl.* § 400, p. 210 et suiv.) : *canim, cechain* ; *gonim, gegon* ; *cladim, cechladatar* (3ᵉ plur.) ; *maidim, °memaid* ; *nascim, °nenasc* ; *tongu, °tetag* ; *tuilim, tetol*, mais aussi dans quelques autres où le vocalisme du parfait se maintenait : *rigim, reraig* ; *dingim, °dedach* ; *grennim, gegrainn* ; *sennim, sefainn* ; cf. à ce point de vue le type got. *taitok*. Toutefois, là où le vocalisme est *ō* (devenu *ā* en irlandais), c'est-à-dire là où il est hautement caractéristique, le vocalisme doit être celui de la 3ᵉ pers. sing. véd. *jajā́na*, par opposition à 1ʳᵉ pers. *jajāná*, mais il n'y a pas de redoublement : *guidim, ro gáid* ; *techim, ro táich* ; *scuchim, ro scáich*. Le germanique n'a de formes de ce genre que dans la mesure où le présent a le vocalisme *a* (issu de **o*), v.h.a. *faru,* *fuor* ; got. *graba, grof* ; etc. ; mais il en a peut-être eu un grand nombre ; en effet il conserve le redoublement dans des cas où le singulier du prétérit est caractérisé par le timbre, mais ne pouvait en aucune manière l'être par la quantité, comme got. *teka, taitok* ; on peut soupçonner que le germanique a d'abord opposé 1re pers. *bar*, 3e pers. **bōr*, comme véd. *jabhára : jabhā́ra* ; puis, d'après le type *band, warþ*, il aurait généralisé *bar* ; on entrevoit ici un moyen (très douteux et hypothétique) d'expliquer le contraste entre *bar* et *taitok*. Quoiqu'il en soit, l'absence de redoublement qui caractérise le germanique se retrouve partiellement en irlandais. — Il est probable que la voyelle longue des types v. irl. *gád* et got. *grof* n'a rien à faire avec l'*ē* du type got. *setum*, lat. *sēdī* : got. *qemun*, lat. *uēnī* ; v.h.a. *brāhhum*, lat. *frēgī*, et des prétérits lituaniens tels que *ė̆mė, vė̆rė*, etc. Ce qu'enseigne sur ces formes M. LOEWE, *KZ* XL, p. 289 et suiv., est évidemment erroné (sans parler du skr. *sedimā́* qu'on est surpris de voir citer à côté de formes à *ē* indo-européen). Comme les prétérito-présents ont le vocalisme zéro au parfait, ainsi dans got. *munun, skulun*, en regard du degré *ē* des prétérits ordinaires tels que got. *qemun, berun*, ces formes à *ē* radical sont très suspectes d'être d'anciens aoristes ; nulle part en effet, elles n'ont valeur de parfaits proprement dits, et partout elles servent de prétérits ; le contraste de got. *munun* « ils pensent » et de *qemun* « ils sont venus » semble décisif. Et dès lors lat. *uēnī, °lēgī*, etc. doivent passer aussi pour être issus d'anciens aoristes, de même que v.irl. *ro-mīdar*.

M. LOEWE, *KZ* XL, p. 284 et suiv., essaie de rendre compte des parfaits sans redoublement par une perte du redoublement due à l'haplologie ; l'explication est arbitraire et peu probable puisque les langues occidentales ont à la fois des formes à redoublement et des formes sans redoublement, et elle est surtout inutile ; car il n'est pas établi, et l'on n'a pas le moyen d'établir que le redoublement ait jamais été universel dans le parfait indo-européen.

Une seule chose est sûre ; c'est que, par contraste avec le grec et l'indo-iranien, on trouve en certains cas normalement – et non pas d'une manière accidentelle – des formes sans redoublement représentant des parfaits indo-européens en slave, en baltique, en germanique, en celtique et peut-être en italique. On s'explique par là que le parfait a été moins stable dans toutes ces langues qu'il ne l'a été en indo-iranien et surtout en grec. — Les formes sans redoublement sont évidemment de date indo-européenne, comme l'a indiqué M. HIRT ; il est oiseux de rechercher ici si elles n'ont jamais eu le redoublement, ou si, l'ayant eu à l'époque préindo-européenne, elles l'ont perdu par chute de *e.

Un rapprochement du parfait et de l'aoriste radical, surtout athématique, — déjà facilité par l'absence de l'augment — a été ainsi provoqué dans ces dialectes par l'absence de redoublement au parfait, et s'est en effet réalisé. Le perfectum latin est une combinaison de parfait et d'aoriste dont le détail est bien connu : il suffit de rappeler des formes comme *dīxistī, tutudistī*. En germanique occidental, la 2ᵉ personne du singulier du prétérit est empruntée à l'aoriste radical, tandis que la 1ʳᵉ et la 3ᵉ proviennent du parfait : v.h.a. 1ʳᵉ et 3ᵉ *lēh*, 2ᵉ *liwi*. Et dans tous les dialectes germaniques, on n'a pas le moyen de déterminer si le pluriel du prétérit représente un parfait sans augment ou un aoriste radical : got. *budun* est entièrement ambigu et peut répondre soit au thème de parfait de véd. *bubudhé* (moins le redoublement), soit au thème d'aoriste de véd. *budhānáḥ* ; seules les formes du type got. *qemun* se laissent reconnaître pour des aoristes d'une manière probable. En irlandais, certains verbes ont pour prétérit un ancien parfait, d'autres un ancien aoriste ; mais un même verbe n'a en général qu'un prétérit, et, quelle qu'en soit l'origine, ces prétérits sont équivalents pour le sens et l'emploi.

Le germanique, le celtique et l'italique présentent donc cette innovation commune d'avoir constitué leur catégorie générale du prétérit (ou du perfectum) au moyen d'une combinaison de formes de parfait et de formes d'aoriste tandis que le baltique et le slave ont un indicatif aoriste et un participe actif parfait.

CHAPITRE XVI

Le suffixe de présent *-ye-

L'indo-iranien a un suffixe de présent -*ya*- dont les fonctions sont très multiples, mais dont la forme est toujours la même : qu'il s'agisse de dénominatifs, comme skr. *namasyáti*, de déverbatifs, comme skr. *dediśyáte* (à côté de *dédiṣṭe*), de verbes exprimant un état, comme skr. *mányate*, ou de passifs, comme skr. *chidyáte*, le suffixe est constamment -*ya*-.

Le suffixe correspondant est toujours -yε/o- en grec, quel que soit l'emploi : τελείω, μαρμαίρω, σχίζω, μαίνομαι, etc. La forme du suffixe grec coïncide donc exactement avec celle du suffixe indo-iranien.

On sait que le baltique et le slave présentent, en regard de ce suffixe en apparence unique, deux types distincts : celui des verbes indiquant un état qui ont pour caractéristique du présent sl. -*i*- (intoné doux), lit. -*i*- (bref) à toutes les personnes autres que la première, par exemple v.sl. *mĭnitŭ*, lit. *mìni* (1ʳᵉ plur. *mìnime*), en regard de skr. *mànyate* et de gr. μαίνεται ; et celui des présents généralement dérivés, dénominatifs, comme v.sl. *dĕlajǫ*, lit. *pãsakoju*, déverbatifs, comme v.sl. *dajǫ*, lit. *jùngiu*, ou anciens dérivés ayant pris le caractère de présents primaires, comme v.sl. *ližǫ*, lit. *liežiù* ; ce second type a, en slave, pour suffixe -*je*-, en lituanien, -*ja*- (cf. *MSL* XI, 297 et suiv.) à toutes les personnes.

La distinction des deux suffixes *-*ĭ*- et *-*ye/o*- attestée par le slave et le baltique se retrouve sans doute en arménien. Les verbes exprimant un état et les passifs que ce type a fournis comme en indo-iranien sont caractérisés par un -*i*-, et les consonnes précédentes ne semblent pas subir les altérations que provoque la présence d'un ancien *y*. Ainsi le verbe primaire *n-stim* « je suis assis » (aor. *n-stay*) semble avoir le même -*i*- que v.sl.

sĕditŭ « il est assis ». En aucun cas, les passifs tels que *berim* « je suis porté », en face de *berem* « je porte », n'ont trace d'une action de *y*. Il y a donc lieu de croire que le suffixe était *-ĭ-, comme en baltique et en slave. Au contraire, le suffixe des dénominatifs et déverbatifs était *-ye-, avec -y- consonne ; ainsi dans arm. *gočʻem* « je crie », de *wokʷ-ye-, cf. skr. *vā́k*, gén. *vacáḥ*, zd *vāxš* instr. *vača*, gr. (ϝ)όπα (acc.), (ϝ)οπί (dat.), lat. *uōx*, et pour le sens, v.pruss. *wackis* « geschrei » (voc.) ; *kočʻem* « j'appelle » (de *gʷot-ye-, cf. got. *qiþan*, d'après M. LIDÉN) ; *ačem* « je croîs » (cf. lit. *úoga* « pousse », d'après M. LIDÉN) ; *čanačʻem* « je connais » (où -čʻe- repose sur i.-e. *-ske- élargi par *-ye-, soit *-sk-ye- : cf. gr. γνώσκω, lat. (g)*nōscō*), etc.

Le slave, le baltique et l'arménien forment donc un groupe de dialectes qui, distinguant *-ĭ- d'une part, *-ye- (*-yo-) de l'autre, s'opposent à cet égard à l'indo-iranien et au grec, où *-ye- (*-yo-) est la seule forme attestée pour les deux types.

En germanique et en italique, le type qui présente *-ĭ- en slave, en baltique et en arménien n'est guère représenté à ce qu'il semble.

S'il en reste trace en latin, c'est surtout dans les dérivés pourvus du suffixe secondaire *-ske-, ainsi lat. (*re-)mini-scor*, (*com-)mini-scor*, en face de v.sl. *mĭni-tŭ*, lit. *mìni* ; et ces formes n'ont rien de caractéristique, car le grec a aussi des dérivés en -ĭ-σκω, tels que εὑρίσκω (à côté de εὕρηκα) par exemple ; l'iranien même a, comme on sait, zd *γri-sa-*. La forme en *-ē- qui existe souvent à côté de ces présents subsiste seule d'ordinaire ; ainsi le latin a *sedēre*, *sedeō* en face de v.sl. *sĕditŭ*, *sĕdĕti*, *uidēre*, *uideō* en face de v.sl. *viditŭ*, *vidĕti* ; etc.

En revanche, au moins dans les cas où le suffixe suit une consonne, les présents répondant au type slave, baltique et arménien en *-ye-, -yo- ont en germanique et en italique une alternance de *-yo- (dans les formes, ou dans une partie des formes où le vocalisme prédésinentiel du type thématique est -*o*-) et de *-i-*, la quantité de l'*i* étant déterminée en partie par celle de la syllabe précédente. Les formes latine et gotique se répondent exactement, sauf à la 1re personne du pluriel, où l'on n'a pas le moyen de décider lequel des deux, du germanique ou de l'italique, représente le type ancien :

lat.	*sāgiō*	*sāgīs*	*sāgit*	*sāgīmus*	*sāgītis*	*sāgiunt*
got.	*sokja*	*sokeis*	*sokeiþ*	*sokjam*	*sokeiþ*	*sokjand*
lat.	*capiō*	*capis*	*capit*	*capimus*	*capitis*	*capiunt*
got.	*hafja*	*hafjis*	*hafjiþ*	*hafjam*	*hafjiþ*	*hafjand*

Ainsi que l'indiquent v.h.a. *hevis, hevit*, v.sax. *hefis, hefid*, etc., le -*j*- de got. *hafjis, hafjiþ*, provient d'une innovation analogique proprement gotique (v. STREITBERG, *Urgerm. Gramm.*, § 206, notamment, p. 303). L'osco-ombrien tend à généraliser -*ī*-, type ombr. **heris**, *heri* ; toutefois quelques formes syncopées, comme ombr. **herter**, osq. *factud* garantissent l'existence d'une forme à -*ĭ*- en osco-ombrien (v. BUCK, *A gramm. of Osc. and Umbr.*, § 216, p. 165). Le type qui a constamment **-ye-* en slave, baltique et arménien a donc -*i*- en italique et germanique, au moins dans toutes les formes où la règle générale du vocalisme du type thématique demanderait *e*. Et il ne s'agit pas ici de verbes d'état ; c'est le lat. *habēre*, le got. *haban* qui répondent à lit. *tùri, turĕti* « avoir » pour le sens, et lat. *capiō*, got. *hafja* répondent de même à lit. *tvẽria, tvérti* « prendre ».

Dans la mesure, très restreinte du reste, où le germanique a des formes correspondantes à celles en **-i-* du baltique, du slave et de l'arménien, le type se confond entièrement avec le type précédent, celui de got. *hafja* ; deux exemples sûrs (non attestés en gotique, ce qui est à noter) sont : v.h.a. *sizzu, sitzis* et *liccu, ligis* ; v.sax. *sittia, sitis* et *liggiu, ligis* ; v.angl. *sitte, sitest* et *licge, ligest* : v.isl. *sitja* et *ligja* ; cf. v.sl. *sĕ̌ždǫ, sĕdiši* et *ležǫ, ležiši* ; seul, le gotique a les formes *sitan* et *ligan*, qui peuvent être aussi anciennes, cf. gr. λέχεται ; de plus, le vieux haut allemand a les formes de présent *hebis* (*hebist*), *hebit, libit, segit* de *habēn, lebēn, sagēn* (cf. le type lit. *tùri* : *turěti*) ; et la 1re personne du singulier est v.sax. *hebbiu*, v.angl. *hæbbe*, la forme commune du pluriel, v.sax. *hebbiad*, v.angl. *habbađ, hæbbađ* ; il subsiste donc des restes notables du présent en *-ye- : -i-*, à côté de la forme à *-ē-* qui tend à se généraliser. — En général, le germanique élimine le type correspondant au type slave en *-i-* ; ainsi le prétérito-présent got. *man*, etc. tient la place du présent correspondant à sl. *mǐnitŭ* ; c'est qu'en effet le prétérito-présent est parfois substitué à un type de présent non conservé en germanique; cf. par exemple got. *ga-dars*, etc., en face de skr. *dhr̥ṣṇóti*, v.sl. *drŭznǫ* (et traces de *drŭznov-*).

Les faits italiques et germaniques sont évidemment inséparables ; dès lors, on en doit retrouver l'équivalent en celtique ; malheureusement, l'état de dégradation phonétique et morphologique où sont les plus anciens dialectes celtiques dont on ait les formes grammaticales rend la détermination impossible dans la plupart des cas. Il y a néanmoins quelques formes décisives en vieil irlandais. Les 3es personnes conjointes du singulier °*gaib* « il prend », d'une part, et °*léici* « il laisse », de l'autre, reposent en effet sur des finales *-it* (après syllabe brève) et *-īt* (après syllabe longue) ; et °*gaib* exclut *yet* qui aboutirait à v.irl. **-i*. Les 2es personnes du singulier d'impératif *gaib* « prend » et *léic* « laisse » n'indiquent rien sur la quantité de *-i* final, puisque *-i* et *-ī* devaient aboutir au même résultat en irlandais, mais excluent *-ye* ; ce sont donc des formes du même type que lat. *cape* (de *capi*) et *sāgī*. Ces formes irlandaises appartiennent à des verbes qui répondent au type sl. *-je-*, lit. *-ja-* (type lit. *tveria* « il prend »). On a en irlandais des présents qui répondent au type sl. *-i-*, lit. *-i-* ; mais ils

148

sont déponents, et ne présentent par suite pas de formes telles que *gaib* qui soient instructives; les principaux sont *moiniur* « je pense » et *gainiur* « je nais » ; tout se passe comme si les deux types étaient confondus, de même qu'en germanique. Et le latin a *fiō*, *fīs*, qui appartient à ce type et se comporte exactement comme *sāgiō*, *sāgīs*.

Il y a ainsi concordance parfaite du germanique, du celtique et de l'italique, et, par suite, on est en droit de poser trois groupes distincts : 1° grec et indo-iranien, avec un seul suffixe *-*ye*/-*yo*-, servant pour les présents qui indiquent l'état et pour les présents dérivés ; 2° slave, baltique et arménien, avec un suffixe * -*i*- des présents indiquant l'état, et un suffixe *-*ye*/-*yo*- des verbes dérivés ; 3° germanique, celtique et italique, avec un suffixe *-*yo*-/-*i*- des dérivés ; dans ce troisième groupe il y a une tendance à éliminer le type qui correspondrait au type slave, baltique et arménien en *-*i*- ; et, dans la faible mesure où il subsiste, ce type se confond ici, pour la forme, avec celui des présents dérivés (sl. -*je*-).

Remarques complémentaires de la 2ᵉ édition

Le traitement albanais a été négligé dans ce chapitre. Il importe de le considérer. Comme l'a brièvement indiqué M. PEDERSEN, *KZ* XXXVI, p. 323, et comme on l'a montré avec plus de détail, *MSL* XIX, p. 119 et suiv. (cf. JOKL, *IF* XXXVII, p. 105), l'albanais marche ici avec le germanique et l'italo-celtique.

Le cas est tout différent de celui du nom, où il ne semble pas qu'il y ait eu de suffixe, -*ī*-, -*ĭ*-, alternant avec *-*yᵉ/ₒ*-, ainsi que l'a montré M. SOMMER (*Die indogermanischen iā- und io- Stämme im Baltischen*).

CHAPITRE XVII

De quelques suffixes nominaux

Il y a des formations nominales qui sont bornées à certains dialectes. En voici des exemples :

1° Les noms thématiques du type gr. γόνος = skr. *jánaḥ*, gr. φόρος = skr. *bháraḥ*, et les dérivés correspondants en -*ā*- tels que gr. φορά̄, lette (*at-*)*bara*, arm. (*thaga-*)*wora-*(*w*) « par le roi » litt. « par le porteur de couronne » sont fréquents en indo-iranien, en slave, en baltique et en grec. Ils tiennent en germanique une place beaucoup plus petite, et manquent presque entièrement en celtique et en italique où ils ne sont représentés que par quelques mots.

2° Le suffixe *-tero-, *-toro-, *-tro- sert dans toutes les langues indo-européennes à marquer l'opposition de deux qualités. Mais deux langues seulement en ont étendu l'usage à la formation de comparatifs secondaires d'adjectifs quelconques, du type gr. ὠμότερος = skr. *āmátaraḥ*, à savoir le grec et l'indo-iranien. De la fonction générale, l'irlandais a tiré indépendamment un autre usage, celui de l'équatif : v.irl. *luathither* « aussi rapide », de *luath*. Et ce développement, par sa différence même, montre la valeur probante de la coïncidence entre le grec et l'indo-iranien. — Le latin, l'irlandais, le germanique, le lituanien, le slave empruntent au contraire leur comparatif secondaire à l'ancien type primaire (skr. -*yas*-, etc.) ; l'arménien, qui a une formation toute nouvelle, n'enseigne rien.

3° Le suffixe *-lo- de gr. σῑγηλός, μῑμελός, lat. *crēdulus, bibulus*, got. *sakuls* « disputeur », *slahals* « disposé à frapper » (v. BRUGMANN, *Grundr.* II², 1, p. 367), a fourni des participes à deux langues seulement : le slave, où le type *neslŭ*, accompagné d'auxiliaires divers, sert à former tous les temps composés, et l'arménien, où l'on a à la fois des participes tels que *bereal* (gén. *bereloy*) « porté, ayant porté », et des infinitifs tels que *berel* (gén. *bereloy*) « porter », et où il n'y a pas d'autre formation de participe passé ni d'infinitif. Toutefois l'ombrien a peut-être aussi un emploi pareil du suffixe, dans le type *entelust* « imposuerit » ; et l'on a dans les dialectes celtiques des infinitifs en -*l*-, notamment en breton, v. ERNAULT, *Zeitsch. f. celt. Phil.*, II, 513 et suiv. ; mais la fixation de l'infinitif est un fait dialectal en celtique.

4° Le suffixe des comparatifs primaires est élargi par un suffixe *-en-*, en grec, en germanique et en lituanien : gr. ἡδίων, ἡδίονος (la forme sans élargissement subsiste dans l'accusatif att. ἥδῖω, etc.), got. *sutiza, sutizins* (il ne s'agit pas ici d'une forme de déclinaison faible de l'adjectif, puisque la nasale est constante), lit. *saldẽs-n-is*.

Par une exception unique entre tous les adjectifs (v. *MSL* XIII, p. 213 et suiv.), les comparatifs primaires n'ont pas de forme féminine particulière en grec, italique et celtique : gr. ἡδίων (et ἥδῖω), etc., lat. *suāuior*, v.irl. *siniu* « plus ancien » servent à la fois de masculins et de féminins ; et, concurremment avec le fait que le comparatif a été limité au nominatif en irlandais, il en est résulté que la forme irlandaise est invariable. Le comparatif a reçu un féminin dans plusieurs dialectes contigus : germanique, slave et indo-iranien, sans parler du baltique où le suffixe secondaire du type lit. *saldẽs-n-i-s* rendait inévitable l'introduction du féminin.

5° Un suffixe *-tūt-* d'abstraits dérivés d'adjectifs se trouve en italique : lat. *iuuentūs, -tūtis*, en celtique : v. irl. *óitiu, óited* « jeunesse », *bethu, bethad* « vie », et en germanique : got. *mikilduþs* « grandeur ». Important en latin et en irlandais, le suffixe est rare en gotique et manque dans les autres langues germaniques. Comme pour le type φόρος, φορᾱ́, le germanique est ici intermédiaire entre l'italo-celtique et les autres langues.

6° Le type des noms de nombre collectifs tels que skr. *trayáḥ*, v.sl. *troji* (*troje*), lit. *trejì* n'est clairement attesté qu'en indo-iranien, en slave et en baltique ; les traces relevées dans les autres langues sont toutes douteuses (v. BRUGMANN, *Die distr. u. d. koll. Numeralia*, p. 72 et suiv. ; dans les *Abhandlungen* de l'Académie de Saxe, vol. XXV) ; en revanche, le type en *-no-* de lat. *trīnī*, *ternī* ne se trouve qu'en italique, germanique et baltique (v. *ibid.*, p. 28 et suiv.).

7° Les thèmes en *-o-* admettaient en indo-européen le genre féminin, comme le montrent lat. *fāgus* et gr. φηγός, υυός et arm. *nu* (gén. *nuoy*), etc. Et par suite, les noms d'animaux thèmes en *-o-* servaient également pour les mâles et les femelles, ainsi encore gr. ἄρκτος, ἵππος, etc. ; les formations des noms de femelles proviennent toutes de développements indépendants des divers dialectes ; parfois les résultats de ces développements coïncident dans plusieurs langues, ainsi skr. *áśvā*, lit. *ašvà*, lat. *equa* ; mais souvent aussi ils divergent : skr. *r̥kṣī́*, en face de lat. *ursa* (cf. A. MEILLET, *Sur des interdictions de vocabulaire*, p. 7). Le féminin du mot « dieu » est *devī́* en sanskrit, *dea* en latin (cf. osq. dat. **deívaí**). Un féminin en *-ā-* ne s'opposait régulièrement en indo-européen à un masculin neutre en *-e/o-* que dans les adjectifs. Mais, dans toutes les langues autres que l'italique, le grec et l'arménien (avant la perte du genre grammatical dans cette langue), le fait que, dans les adjectifs, *-o-* caractérisait ainsi le masculin-neutre par opposition à la marque *-ā-* du féminin a entraîné l'élimination du genre féminin dans ces thèmes ; ou bien le thème en *-o-* s'est maintenu en devenant masculin, ce qui est le cas de skr. *bhūrjaḥ* et lit. *béržas* « bouleau », ou le genre féminin a subsisté en déterminant un passage aux thèmes en *-ā-*, ce qui est le cas de v.sl. *brěza* et de v.isl. *biǫrk* (v. *MSL* XIV, p. 478 et suiv.). L'indo-iranien, le slave, le baltique, le germanique et le celtique s'accordent à éliminer le genre féminin des thèmes en *-*o*-.

M. BRUGMANN continue, il est vrai, à repousser l'idée que les thèmes en *-*o*- auraient admis le genre féminin en indo-européen (*IF* XXI, p. 315 et suiv.). Il conteste la valeur de la forme *snusó-*[1] au moyen d'une étymologie qu'il propose ; mais, outre qu'une explication de mot indo-européen échappe à toute vérification, il demeure que l'indo-européen a possédé un mot *snusó-* désignant la « bru », donc un thème en -*o*- désignant une femme. Et surtout, M. BRUGMANN ne discute pas les raisons qui rendent probable *a priori* l'emploi des thèmes en *-*e*/*o*- au féminin. Tous les autres types de thèmes de substantifs admettent le genre féminin ; même les thèmes en *-*ā*- ne sont pas limités au féminin, mais fournissent aussi des substantifs masculins en latin (*scrība*), en grec, en slave (*sluga*, *vojevoda*, etc.), et en arménien (*thagawor*, instr. *thagaworaw* « roi ») ; c'est donc l'usage grec et latin qui est conforme à l'usage général indo-européen. Il est, d'ailleurs, peu vraisemblable que des mots tels que gr. ὁδός et κέλευθος aient pris secondairement le genre féminin. On conçoit bien comment l'analogie des adjectifs a fait disparaître dans la plupart des langues l'emploi des thèmes en *-*e*/*o*- au féminin ; l'action analogique inverse est complètement invraisemblable : les féminins en *-*e*/*o*- ont fini par être éliminés en grec et dans les langues néo-latines, comme partout ailleurs ; seulement l'élimination a eu lieu à date historique, tandis que, dans les autres langues de la famille, elle est antérieure aux plus anciens textes. Enfin, la cause pour laquelle le grec, le latin (et sans doute l'arménien avant la perte de la notion de genre) ont

---

[1] L'importance de cette forme dans la question a été reconnue d'une manière indépendante par M. PEDERSEN et par l'auteur du présent ouvrage (v. *Bulletin de la société de linguistique*, XII, p. LXXXV, séance du 7 juin 1902).

gardé plus fidèlement l'usage indo-européen se laisse peut-être entrevoir : ces langues sont celles où le timbre -*o*- est demeuré bien distinct du timbre -*a*- ; en indo-iranien, en slave, en baltique, en germanique, les timbres *a* et *o* tendaient à se confondre, comme on l'a vu ; la distinction du masculin et du féminin n'était plus guère marquée que par la quantité de la voyelle du thème, et non plus par le timbre de cette voyelle, comme elle l'est dans *bonum*, *bonam* ; φίλον, φίλᾱν, etc. ; il importait d'autant plus dès lors de réserver le type à brève au masculin, le type à longue au féminin ; la netteté du signe ayant diminué, l'emploi en devait être plus strict pour demeurer clair. Si cette explication, qui peut paraître subtile, mais qui est justifiée par une remarquable coïncidence, est exacte, l'absence de traces du féminin en *-$^e/_o$-* en celtique résulterait du degré trop avancé d'altération où les langues de ce groupe étaient parvenues à la date des plus anciens textes et de l'importance très grande prise par la distinction du masculin et du féminin ; si l'on avait des textes celtiques plus anciens, on y devrait trouver des thèmes en -*o*- féminins.

CHAPITRE XVIII

Les formes casuelles en -bh- *et en* -m-

La différence entre un datif pluriel en *-bh-*, comme skr. *-bhyaḥ*, zd *-byō*, lat. *-bus*, v.osq. *-fs*, v.irl. *-ib*, gr. *-φι(ν)* et en *-m-*, comme got. *-m*, v.lit. *-mus*, v.sl. *-mŭ*, est un des premiers faits qui aient attiré l'attention sur le problème de la dialectologie indo-européenne. Comme il a été bien établi, principalement par M. LESKIEN, qu'il n'y a pas eu d'unité germano-balto-slave postérieure à l'unité indo-européenne, la concordance très frappante qu'on observe ici entre le germanique, le baltique et le slave ne peut donc, si on lui accorde une signification, s'expliquer que par une distinction dialectale à l'intérieur de l'indo-européen commun.

M. HIRT, *IF* V, p. 251 et suiv., a supposé que les formes de datif-ablatif auraient eu originairement *-bh-*, et la forme d'instrumental *-m-*. Chaque langue aurait ensuite généralisé l'une ou l'autre initiale. Mais c'est une pure hypothèse. Du côté de l'instrumental, rien ne vient l'appuyer (cf. v. BLANKENSTEIN, *IF* XXI, p. 100 et suiv.) ; et même l'arménien, où les désinences de ce type ne fournissent qu'un seul cas, l'instrumental, ne possède que *-bh-* et n'a aucune trace de *-m-* : instr. sing. *-b, -v, -w* (*harb, khnov, amaw*), plur. *-bkh, -vkh, wkh* (*harbkh, khnovkh, amauwkh*) ; l'arménien contredit donc directement la supposition de M. HIRT. Il n'y a pas trace de désinences en *-m-* en dehors du germanique, du baltique et du slave ; véd. *sánemi* n'est pas un adverbe représentant un cas en *-m-*, et les adverbes tels que lat. *partim* représentent des accusatifs, comme l'indique l'emploi de *partem*. Pour le datif, on peut invoquer le fait que, au datif singulier, des langues qui par ailleurs ont seulement des formes en *-m-*, ont le pronom de 2ᵉ sing. dat. v.sl. *tebě*, v.pruss. *tebbei* « à toi », en face de skr. *túbhya(m)*, gath. *taibyā*, lat. *tibī*, ombr. **tefe** ; mais la flexion des pronoms personnels est trop à part pour rien prouver ; le pronom de 1re pers. sing. a une forme tout à fait isolée : skr. *máhya(m)* « à moi », arm. *inj*, lat. *mihī*, ombr. *mehe*, et l'arménien a cette même gutturale dans *khez* « à toi », tandis que le germanique a un *-s-* qui lui est propre : got. *mis*, *þus*, v.isl. *mér*, *þér*, v.h.a. *mir*, *dir*, — Enfin, à supposer que les initiales *-bh-* et *-m-* aient été en indo-européen réparties entre différents cas, la concordance du germanique, du baltique et du slave dans cette répartition, et le contraste avec le celtique, l'italique, le grec, l'arménien et l'indo-iranien n'en subsisteraient pas moins ; le fait dialectal porterait sur la répartition au lieu de porter sur une différence originaire entre les formes.

Ce n'est du reste pas la seule ligne d'isoglosses qui enserre le germanique avec le baltique et le slave : la ligne du traitement de *ŏ* et celle de la chute de *ə* intérieur par exemple montrent que ces trois langues sont issues de parlers indo-européens qui présentent certains traits de ressemblance. De plus, des deux formes du collectif neutre qui tient la place de nominatif-accusatif pluriel, à savoir *-ā* et *-ə*, le slave et le germanique ont généralisé l'une, celle en *-ā* (got. *juka*, v.sl. *jiga* ; got. *namna*, v.sl. *jimena*), tandis que le grec a au contraire généralisé celle en *-ə* (ζυγά, ὀνόματα) ; mais, si le latin a généralisé *-ə* (*iugă*, *nōmină*), l'osco-ombrien a *-ā* (ombr. **iuku**, *uatuo*, osq. **prúftú**, *comono*), comme au nominatif singulier des féminins en *-ā-* ; le fait est donc peu caractéristique, tout en méritant d'être signalé, à titre de coïncidence.

Cette ligne remarquable de *-m-* et *-bh-* est croisée par une autre qui est relative aux mêmes désinences.

En indo-iranien, en slave, en baltique et en arménien, les désinences en *-bh-* ou en *-m-* fournissent des formes casuelles de valeur définie : skr. *-bhyaḥ* et zd *-byō* de datif-ablatif pluriel (on sait que l'ablatif n'a presque jamais une forme qui lui soit particulière) ; skr. *-bhiḥ*, gâth. *-bīš*, zd *-bīš*, v.pers. *-biš* d'instrumental pluriel, skr. *-bhyām*, zd *-bya* (avec longue finale : *-byā-ča*) et *-byąm* de datif-ablatif-instrumental duel (les trois cas n'ont toujours qu'une même forme au duel, nombre qui n'a qu'une petite quantité de formes casuelles distinctes) ; arm. *-b*, *-v*, *-w* fournit l'instrumental singulier, et *-bkh*, *-vkh*, *-wkh* l'instrumental pluriel ; v.sl. *-mǐ* appartient à l'instrumental singulier, *-mi* à l'instrumental pluriel, *-mǔ* au datif pluriel, *-ma* au datif-instrumental duel ; lit. *-mi* à l'instrumental singulier, *-mis* à l'instrumental pluriel, *-mus* au datif pluriel, *-ma* au datif-instrumental duel ; v.pruss. *-mans* est datif pluriel. Toutes ces formes expriment d'une manière précise un certain cas et un certain nombre.

Au contraire la désinence hom. -φι(ν), qui parait être d'origine éolienne et manque dans les autres dialectes, vaut à la fois pour le singulier et le pluriel ; et elle sert pour tous les cas à sens réel : datif, ablatif, locatif et instrumental ; elle ne tient jamais la place d'un génitif ni d'un accusatif. Comme il s'agit chez Homère d'un archaïsme, on pourrait être tenté de voir dans -φι(ν) une vieille forme mal comprise et employée indifféremment à toutes sortes d'usages ; mais s'il y a dans la langue homérique nombre d'archaïsmes traditionnels, et si ces archaïsmes sont employés arbitrairement, du moins ils gardent leur valeur exacte là où ils figurent, et rien n'autorise à attribuer à la langue homérique l'emploi capricieux d'une vieille forme dont on aurait perdu le sens ; l'un des caractères éminents de la langue homérique est précisément l'extrême correction dans l'emploi de formes qui étaient sorties de l'usage au moment où le texte transmis a été composé et fixé ; l'archaïsme de certaines formes ne se traduit que par un manque de constance dans leur emploi. Du reste, lat. *-bus*, osco-ombr. *-fs* (*-ss*, *-s*) ont aussi une valeur multiple : datif, ablatif, locatif et instrumental ; et de même v.irl. *-ib*. Le latin a de plus les pronoms personnels *nōbīs*, *uōbīs* ; mais on ne saurait rien conclure de formes de pronoms personnels ; celles-ci ont du reste la même valeur complexe que celle des noms ordinaires. C'est cette quadruple valeur des désinences en * *-bh-* qui permet de rendre compte des confusions de formes casuelles présentées par l'italique et le celtique, confusions qui autrement ne s'expliqueraient pas. La forme latine et la forme irlandaise ne se recouvrent pas, mais elles servent également pour quatre cas indo-européens au pluriel ; on ne peut déterminer quelle voyelle est tombée en osco-ombrien entre *f* et *s* (v.osq. *-fs*). Pour le germanique, une seule forme est attestée, et cette forme peut résulter de formes distinctes, car il a pu tomber diverses voyelles après *-m-* ; mais des confusions de cas analogues à celles que présentent le latin et l'irlandais se sont produites.

Il y aurait donc lieu d'opposer à l'indo-iranien, au slave, au baltique et à l'arménien, où les désinences en *-bh-* et *-m-* ont des valeurs précises, le grec, l'italique, le celtique et sans doute le germanique, où ces mêmes désinences servent pour plusieurs cas, et même, chez Homère, pour plusieurs nombres, et ont l'aspect d'adverbes. Il est permis de penser que ce sont les dialectes orientaux qui ont innové à cet égard, et que les désinences en *-bh-* et en *-m* étaient des formes adverbiales à l'origine.

Ces traitements des désinences en *-bh-* et en *-w-* ont eu de grandes conséquences. Les dialectes orientaux où ces désinences ont reçu des valeurs précises ont conservé longtemps les cas à valeur réelle : locatif, ablatif, instrumental ; beaucoup de dialectes slaves et baltiques ont encore aujourd'hui le locatif et l'instrumental ; l'arménien oriental a même encore les trois cas. Au contraire, les dialectes occidentaux présentent dès le début de fortes confusions ; l'italique commun avait encore le locatif, le germanique commun l'instrumental, mais ni l'un ni l'autre n'a les trois cas, et, en italique, en celtique et en germanique, il tend à se créer une forme unique pour les trois. Le grec, où les désinences en -φι(ν) ont peu d'importance, a sans doute subi des actions particulières qui ont occasionné une réduction très ancienne de la déclinaison, et le maintien des seuls cas « grammaticaux » (M. R. MEISTER, *Berichte* de l'Académie de Saxe, *Phil.-hist.* Cl., LVI, p. 18 et suiv., admet l'existence d'une trace d'instrumental en cypriote et en pamphylien ; mais l'hypothèse repose sur des bases très fragiles).

Une autre coïncidence des dialectes orientaux est la suivante : l'indo-iranien, le slave et le baltique sont seuls à présenter *-su* comme désinence de locatif pluriel ; l'arménien a une forme en -*s* (toujours identique à celle de l'accusatif pluriel) qui peut avoir perdu un *-u* final ; le grec a une désinence -σι, qui est autre, et qui sert à la fois pour le datif, l'instrumental et le locatif pluriels ; les autres langues n'ont rien qui corresponde à la désinence orientale *-su*.

CHAPITRE XIX

Le génitif pluriel des thèmes en -ā-

Le grec et l'italique s'accordent à étendre à tous les thèmes en -*ā*- la forme de génitif pluriel des thèmes démonstratifs en -*ā*- :

hom. -ᾱ́ων (avec -*ā*- maintenu, parce que l'ionien n'avait pas de forme dissyllabique *-ηων qui pût être substituée à l'ancien -ᾱ́ων), ion. -έων, att. -ῶν, dor. et éol. -ᾶν.

lat. -*ārum*, osq. **-asum**, -*azum*, ombr. **-aru**, -*arum*. Les génitifs tels que lat. *caelicolum, caprigenum* (dont on trouvera les exemples dans NEUE-WAGENER, *Formenlehre*, I[3], p. 31 et suiv.) ne se rencontrent que dans quelques masculins, mots longs où -*um* emprunté aux thèmes en -*o*- évitait d'allonger la forme par la finale très lourde -*ārum*.

Un élargissement du même type, mais différent, se trouve dans des dialectes germaniques : v.h.a. *gebōno* v.sax. *gebono*, v.angl. *giefena* et même une fois norr. run. *runono*, mais got. *gibo*, v.isl. *gjafa*.

La concordance du grec et de l'italique est donc très remarquable ; l'innovation est sûrement grecque commune et italique commune, et ne se présente nulle part ailleurs. La seule forme des démonstratifs qui se soit ordinairement étendue aux autres noms est la forme en *-oi* du nominatif pluriel des thèmes en *-o-* ; mais il y avait là une situation toute particulière : les thèmes féminins en *-ā-* de démonstratifs avaient la même caractéristique *-ᾱ̃s* de nominatif pluriel que les autres noms, tandis que les thèmes masculins en *-o-* avaient une forme en *-oi* propre aux démonstratifs ; ce manque de parallélisme a entraîné des actions analogiques : extension de *-oi* aux autres noms en grec, latin, irlandais, slave et aux adjectifs en germanique et baltique ; extension de *-*ōs* des autres noms aux démonstratifs en osco-ombrien. Il n'y a rien de pareil pour le génitif pluriel. L'innovation grecque et italique est imprévue, et par suite très caractéristique.

L'italique et le grec tendent d'autre part à innover dans les thèmes en -*ā*- sous l'influence des thèmes en -*o*- :

1° Le grec et le latin ont refait le nominatif pluriel des thèmes en -*ā*- sur le modèle des thèmes en -*o*-, influencés par les démonstratifs : gr. -αι, lat. -*ae* (l'osco-ombrien diverge naturellement).

2° Pour le datif-instrumental-locatif pluriel, le grec a -αισι et -αις (suivant les dialectes), le latin -*īs*, l'osque -**aís**, l'ombrien -*es*, -*er* ; cf. dans les thèmes en -*o*-, gr. -οισι et -οις, lat. -*īs*, osq. -**úis**, -*ois*, ombr. -*es*, -*ir*.

C'est que, au pluriel, la flexion des démonstratifs et celle des autres thèmes en -*o*- et en -*ā*- tendent à devenir identiques en grec et en italique. Cette identification a sans doute commencé par le génitif pluriel des thèmes en -*ā*- ; et ceci fait ressortir l'antiquité — et l'importance — du rapprochement signalé ici.

CHAPITRE XX

De quelques faits de vocabulaire

Les coïncidences de vocabulaire n'ont en général qu'une très petite valeur probante ; il n'y a pas de langues entre lesquelles on n'en puisse relever un certain nombre. Toutefois il en est qui prouvent, soit grâce à des circonstances spéciales, soit par suite de leur groupement.

La racine **bhewə-* signifiait proprement « pousser, croître », et ce sens est le seul qui s'observe encore en grec (φῦσαι, φύσις, φυτόν, etc.) et en arménien (*boys* « plante », *busanel* « pousser »). Dans toutes les autres langues, la racine a, au moins dans quelques-unes de ses formes, la valeur de verbe « être », et elle vient compléter les formes que fournit la racine **es-*, qui sont un présent (skr. *ásti*, gr. ἔστι, etc.) et un parfait (skr. *ā́sa*, zd *ā́ŋha*, hom. ἦεν) ; de là les prétérits skr. *ábhūt*, v.sl. *by*, *bystŭ*, lit. *bùvo*, v.irl. *ro bói*, lat. *fuit.* Un présent en **-īye-* tient une grande place dans les langues occidentales : lat. *fīō, fīs* sert à exprimer l'idée de « devenir » ; v.irl. *bíu* (3ᵉ pers. *bíid*) est le verbe d'existence avec notion de durée ; v.angl. *bīo* double le verbe *eom* (*is*) d'où par contamination des deux formes, v.sax. *bium*, v.h.a. *bim* ; de ce thème bien défini des trois langues occidentales, on rapproche quelques formes orientales moins claires : lit. *bit(i)* « il était », v.sl. *bimĭ* (sorte d'optatif), persan *bīd* « soyez ». Seuls, le grec et l'arménien restent indemnes de l'innovation qui a rapproché **bhewə-* du verbe « être ».

La racine **bheudh-* n'a gardé son sens matériel de « éveiller, s'éveiller » que dans une partie des formes de l'indo-iranien, du slave et du baltique ; partout ailleurs, on ne rencontre que des sens moraux tels que « faire attention à », sens qui sont les seuls attestés partout pour le thème *bhéudhe- (v. *MSL* XIV, p. 361). Le sens matériel d'« éveiller » a dû être indo-européen commun et a disparu dans tous les dialectes occidentaux, y compris le grec et l'arménien. Ceci se marque par l'emploi de mots divergents d'une langue à l'autre dans l'expression de cette notion : skr. *jāgarti* et gr. ἐγείρω, got. *wakjan*, lat. *uigil* et *expergiscor*, arm. *arthun* « éveillé », *z-arthnum* « je m'éveille », etc.

Deux groupes de coïncidences de vocabulaire sont à noter : 1° indo-iranien et balto-slave ; 2° italique, celtique et germanique.

1° Indo-iranien, slave et baltique (coïncidences déjà notées en partie ; v. MEILLET, *Génitif-accusatifs*, p. 94 et suiv.).

v.sl. (*togo*) *radi*, cf. v.pers. (*avahyā*) *rādiy* « à cause de (ceci) ».

v.sl. *slovo* « parole » et zd *sravah-* « parole » (la coïncidence de sens est caractéristique, par contraste avec gr. κλέος et skr. *śrávah* « gloire » ; cf. v.sl. *slava*, lit. *šlovĕ* « gloire »).

v.sl. *bogŭ* « dieu », v.p. *baga* (il n y a aucune raison de tenir le mot slave pour emprunté).

v.sl. *svętŭ* « saint », lit. *šveñtas*, v.pruss. *swints*, zd *spəntō* (ici l'hypothèse de l'emprunt est exclue par la forme).

v.sl. *kupŭ* « amas », v.p. *kaufa-* « montagne ».

v.sl. *kŭde* « où », gāth. *kudā*, skr. *kuhá* « où » (toutefois cf. peut-être ombr. **pufe**, osq. **puf**).

v.sl. *samŭ* « même », zd *hāmō*.

v.sl. : *zovetŭ* « il appelle » (cf. lit. *žavĕti*), zd *zavaiti*, skr. *hávate*.

v.sl. *svĭtĕti* « briller », lit. *švitĕti*, skr. *śvetáḥ*, zd *spaētō*.

v.sl. *dlĭgŭ* « long » (s. *dȕg* ; cf. lit. *ìlgas*), zd *darəγô*, skr. *dīrgháḥ*.

v.sl. *bo* « car », zd *bā*.

De quelques faits de vocabulaire

v.sl. *šujĭ* « gauche », zd *haoya-*, skr. *savyáḥ* (mais *lěvŭ* concorde avec gr. λαιϝός, lat. *laeuos*).

v.sl. *ni-čĭ* « rien », et *ni-čĭto*, zd *naē-čiṭ* ; cf. lit. *niēkas*.

v.sl. *črŭnŭ* « noir », v.pruss. *kirsnan*, skr. *kr̥ṣṇá*.

v.sl. *griva* « nuque » (cf. lette *grīva* « embouchure de fleuve », zd *grīva*, skr. *grīvā*.

v.sl. *usta* « bouche » (cf. v.pruss. *austin*), skr. *óṣṭhaḥ* « lèvre ».

v.sl. *vlasŭ* « cheveu », zd *varǝsō*.

v.sl. *-je-*, lit. *-ja-*, dans les adjectifs composés tels que lit. *geràsis*, v.sl. *dobry-jĭ*, *dobryjĭ*, rappelle zd *ya-*.

v.sl. *bojǫ sę* « je crains », lit. *bijaũs*, skr. *bháyate* ; v.h.a. *bibēn* « trembler » n'a rien à faire ici (v. WACKER-NAGEL, *KZ* XLI, p. 305 et suiv.).

v.sl. *javě avě* « en évidence » skr. *āvíḥ*, zd *āviš*.

v.sl. *gora* « montagne » (et lit. *gìrė* « forêt »), skr. *giríḥ*, zd *gairiš* (l'interprétation de gr. βορέας par « vent de la montagne » est naturellement incertaine).

v.sl. (*sŭ-*)*dravŭ* « bien portant », zd *drva-*, v.pers. *duruva-* (même sens), et cf. skr. *dhruváḥ* « ferme » ; la communauté de sens de « bien portant » en slave et en iranien est le fait caractéristique.

ovŭ (démonstratif), zd *ava-* (fournit les formes du démonstratif de l'objet éloigné autres que celle du nominatif ; le slave a éliminé les formes particulières au nominatif).

D'autres détails confirment ces rapprochements qui sont d'autant plus probants que beaucoup unissent spécialement le slave à l'iranien, c'est-à-dire à la langue la plus voisine. Le thème à *-l-* de gr. νεφέλη, lat. *nebula*, v.irl. *nél*, gall. *niwl*, v.h.a. *nebul*, v.isl. *njól* n'est pas représenté en baltique et en slave, mais seulement le thème en *-es-* : νέφος, skr. *nábhaḥ*, v.sl. *nebo*, lit. *debesìs* ; en revanche, il est vrai, on a lit. *miglà*, v.sl. *mŭgla* comme gr. ὀμίχλη « nuée ». Le nom propre du miel, gr.

167

μέλι, lat. *mel*, v.irl. *mil*, got. *miliþ*, arm. *melr* (ce dernier influencé sans doute par *medhu*), n'est pas représenté en slave, non plus qu'en indo-iranien.

2° Germanique, celtique et italique.

Outre les mots particuliers que ces trois langues ont en commun avec le slave et le baltique, elles en présentent une série qui ne se trouve pas ailleurs. Sans entrer dans le détail des faits signalés par M. HIRT, *Zeitschr. f. d. Phil.* XXIX, p. 296 et suiv., on peut citer quelques coïncidences remarquables :

lat. *piscis*, v.irl. *íasc*, got. *fisks* (en regard d'un autre mot du domaine central, gr. ἰχθῦς, arm. *jukn*, lit. *žuvìs*, v.pruss. *suckis* [Voc] *suckans*, les autres langues ont des mots particuliers).

lat. *uātēs*, v.irl. *fáith* « poète », v.h.a. *wuot* « fureur », v. isl. *óðr* « poésie ».

lat. *flōs*, v.irl. *blāth*, vha. *bluomo* et *bluot*..

lat. *cæcus* « aveugle », et v.irl. *caech*, got. *haihs* « borgne » (très peu des noms d'infirmités sont communs à plusieurs langues de la famille).

lat. *uāstus*, v.irl. *fás*, vha. *wuosti*.

lat. *crībrum*, v. irl. *críathar*, v.angl. *hrīdder* (le gr. κρίνω est de même famille, mais n'a pas le sens technique de « je crible ; au contraire, got. *hrains* « pur » a signifié sans doute « criblé » à l'origine).

lat. *porca*, v.irl. *rech*, vha. *furuh* « sillon » (arm. *herk* « terre défrichée et labourée », est à séparer ; car le *k* ne peut représenter que *g* ; cf. peut-être *harkanel* « briser »).

lat. *hasta*, irl. *gat* « baguette d'osier », got. *gazds* « aiguillon ».

lat. *caper*, gall. *caer-*, v.isl. *hafr* « bouc » (le gr. κάπρος « sanglier », n'a rien à faire ici, à cause du sens, non plus que pers. *čapiš*, etc.).

lat. *capiō*, got. *hafja* ; lat. *captō*, v.irl. *cachtaim*, v.sax. *haftōn*. — Pour la formation, on rapprochera le lat. *capiō* de v.irl. *gaibim*, dont la racine se retrouve dans lat. *habēre* (formé comme got. *haban*), osq. *hafiest* « il aura ».

lat. *alō*, v.irl. *alim*, got. *ala* (par ailleurs, on n'a que des traces de la racine, ainsi dans gr. ἄν-αλτος).

lat. *plānus*, gaul. (*Medio-*)*lānum* ; v.irl. *lár* « sol », v.angl. *flōr*.

lat. *manus*, ombr. **manf** (acc. plur.), osq. *manim* (acc. sing.), v.isl. et v.angl. *mund* ; cf. m.bret. *malazn* « gerbe » (v. FICK- STOKES, *Et. Wört.* II[4], p. 200), en regard de l'expression par la racine **gher-* dans gr. χείρ, alb. *dorë*, arm. *jeřn* « main » ; de skr. *hástaḥ* = v.perse *dasta*, et de v.sl. *rǫka*.

lat. *mālus* « mât », irl. mod. *maide* « bâton », irl. *matan* (avec *t* notant l'occlusive sonore *d*) « massue », *admat* (v. W. STOKES, *KZ* XL, p. 243), v.h.a. *mast* « perche », v.isl. *mastr* « mât ».

lat. *mentum* « menton », gall. *mant* « mâchoire », got. *munþs*, v.h.a. *mund* « bouche ».

lat. *natrix*, irl. *nathir* (gén. *nathrach*), v.isl. *naðr*.

Il y a aussi beaucoup de concordances entre le vocabulaire germanique et le vocabulaire celtique, et entre le vocabulaire germanique et le vocabulaire italique ; et les mots ainsi attestés peuvent ne manquer que par hasard soit en celtique soit en italique ; rien ne prouve même que certaines des communautés de vocabulaire signalées ci-dessus entre le celtique et l'italique ne proviennent pas du fonds de mots germano-celto-italique ; ces trois langues ont en somme des vocabulaires remarquablement semblables.

Remarques complémentaires de la 2e édition

Aux termes que le slave et l'indo-iranien, mais surtout l'iranien, ont en commun, il faut ajouter le verbe signifiant « écrire ». Ce verbe ne se trouve pas partout en iranien : bien attesté en vieux perse, où l'on a l'infinitif *nip(a)ištanaiy* « écrire », l'aoriste *niyapišam* « j'ai écrit », l'adjectif verbal *nipištam* « écrit », il man-que à l'Avesta. On le retrouve en ossète : *finsun* « écrire », et le mot sogdien **np'ys'kw** « qui écrit », qui se lit dans le *Sutra des Causes et des Effets*, I, p. 533, n'a pas l'air d'un emprunt au perse ; le terme est donc à la fois perse et scythique. Or, on sait que, au sens d'« écrire », cette racine se retrouve en slave : v.sl. *pišǫ*, *pǐsati*, et en vieux prussien : *peisāton* « écrit », *peisai* « il écrit », *popeisauns* « beschrieben », mais nulle part ailleurs. Le cas est tout comparable à celui de sl. *slovo*, qui répond pour la forme à skr. *śrávaḥ*, gr. κλέ(ϝ)ος, mais dont le sens se retrouve seulement dans zd *sravō* « parole ». Et c'est aussi un fait sémantique remarquable que la coexistence de sens de « part, richesse » et de « dieu » pour indo-iran. *bhaga-* et pour sl. *bogo-* (*bogǔ*, *ubogǔ*, *bogatǔ*, etc.). L'indo-iranien, le slave et le baltique continuent le vocabulaire d'un même groupe de civilisation indo-européenne.

Ce n'est pas un hasard que les noms du « tonnerre » et du « dieu du tonnerre » soient manifestement voisins : véd. *parjányaḥ*, sl. *perunǔ*, lit. *perkū́nas*, v.pruss. *Percunis* (voc.). Et ce n'est sans doute pas non plus un hasard que le nom, à valeur « animée », de l'« eau », indo-iran. *ap-* n'ait pas de correspondant hors du balti-que : v.pruss. *ape* « vlys » (Voc.), lit. *ùpė* « rivière » ; le gr. ὀπός « sève » se rattache, pour le sens, à v.sl. *sokǔ*, etc. Le nom v.sl. *sramǔ* (russe *sórom*, pol. *srom*) de la « honte », n'a pas de correspondant hors de l'iranien : zd *fšarma-*, pers. *šarm*, sogd. **šβ'rm** (c'est-à-dire *šfarm*, avec une métathèse de *fš-* en *šf-*). La particule dépréciative du serbe *kä-vrān*, etc., n'a de correspondant qu'en iranien (v. *MSL*, XIX, p. 348 et suiv.).

Il y a du reste beaucoup d'autres coïncidences de vocabulaire qui apparaissent entre l'indo-iranien, le slave et le baltique.

Ainsi, tandis que le gr. αἴξ (αἰγός) concorde avec arm. *ayc* « chèvre », lit. *ožỹs* « bouc », *oškà* « chèvre », et vieux prussien *wosee* « chèvre » (voc.), cf. v.sl. *azĭno* « peau », en alternance normale avec skr. *ajáḥ* « bouc », l'irl. *ag* est à séparer (v. PEDERSEN, *Vergl. Gramm. d. kelt. Spr.* I, p. 97) ; toutefois zd *izaēna-* « de cuir » rappelle gr. αἴξ, moins l'α- prothétique, dont l'absence est normale en indo-iranien.

L'*m* de lat. *spūma, pūmex* se retrouve dans v.h.a. *feim,* v.angl. *fām,* tandis que l'*n* de skr. *phénaḥ* « écume » a son correspondant dans v.sl. *pĕna,* v.pruss. *spoayno.* lit. *spáinė.*

Skr. *bahíḥ* « en dehors » se rapproche seulement de v.sl. *bes, bez,* « sans », lett. *bez,* lit. et v.pruss. *be.* Pour la forme, cf. skr. *āvíḥ,* gāth. *āviš* en face de v.sl. *avĕ.*

En Occident, on trouve le sens de « surface boisée » pour lat. *lūcus* (v.lat. *loucom,* acc.), osq. **lúvkeí** (loc.), v.h.a. *lōh,* v.angl. *lēah,* v.isl. *ló* ; en Orient, seulement le sens d'« espace libre » dans skr. *lokáḥ,* lit. *laũkas,* v.pruss. *laucks* ; en baltique, ce mot a pris la place de l'ancien **agro-* « champ » qui a disparu du baltique et du slave.

Les noms baltiques du « lait » sont curieux : à côté de véd. *páyaḥ,* zd *payō* et de zd *paēma,* pehl. *pēm,* le litu-anien a *píenas* ; et à côté de véd. *dádhi,* gén.-abl. *dadhnáḥ,* le vieux prussien a *dadan* (voc. ; nom neutre). Ces rapprochements exacts sont frappants en face des formes aberrantes des parlers occidentaux : gr. γάλα, lat. *lac,* etc.

Le thème **prəwo-* « premier » est attesté seulement en indo-iranien (skr. *púrvaḥ,* etc.) et en slave (v.sl. *prŭvŭ,* etc.) ; il ne se retrouve nulle part ailleurs ; le bal-tique a une forme toute voisine : lit. *pìrmas,* v.pruss. *pirmas.* La concordance entre skr. *aṣṭamáḥ* « huitième », zd *aštəmō* et lit. *ãšmas,* v.pruss. *asman* et v.sl. *osmŭ* est curieuse, bien que l'irlandais ait aussi *ochtmad* : comme *nómad* « neuvième » en face de lat. *nōnus,* cette forme est récente ; la forme italo-celtique de l'ordinal « huitième » devait être du type du lat. *octāuos*, cf. gr. ὄγδοος ; les formes telles que skr. *aṣṭamáḥ* et v.sl. *osmŭ* sont influencées par les noms de nombre précédents : skr. *saptamáḥ*, pers. *haftum*, cf. lat. *septimus*, et v.prussien *sepmas*, lit. *sēkmas*, v.sl. *sedmŭ*, gr. ἕβδομος.

En face de véd. *yắti* « il va (en véhicule) », courant dans l'Inde, et à peine représenté en iranien (zd *yaiti* ?), le slave a *ĕdǫ, jaxati*, et le lituanien *jóju, jóti*, qui ont exactement le même sens. Quelle que soit l'explication du vocalisme -*ĕ*- du présent slave, il est évident que sl. *ĕdǫ* est au thème védique *yā*- ce que sl. **jĭdǫ* est au thème védique *e-/i-*, cf. gr. εἶμι. Et le dérivé lit. *jóju* a été de même substitué à une norme athématique **yā-mi.* Cette racine ne se retrouve nulle part ailleurs (on signale tout au plus un substantif irl. *áth* « gué » rapprochement douteux dont M. PEDERSEN n'a pas fait état dans sa *Vergleichende Grammatik*). Le celtique et le germanique ont, pour la même notion, un tout autre mot : v.h.a. *rītan*, v.irl. *riad*, gaul. *rēda.*

V.prussien *girtwei* « louer » et lit. *giriù, gìrti* « louer » sont tout proches de véd. *gr̥ṇắti* « il chante, il célèbre », *gír* « chant (où l'on célèbre un dieu) », acc. *gíram*, zd *gərənte* « ils célèbrent », gâth. *garō* (acc. plur.) « chants de louange ». Si même lat. *grātus, grātia* et gr. γέρας, id. *grád* « amour », et osq. *brateis* « gratiis » sont parents, le sens est beaucoup plus lointain.

Plus on cherche à serrer les rapprochements de près, plus apparaît l'étroite parenté des vocabulaires indo-iranien, baltique et slave. Par exemple, la racine **dhegʷh-* « brûler » se retrouve jusqu'en celtique, irl. *daig* « feu », et en latin, *foueō* ; mais on n'observe les correspondants exacts de skr. *dáhati* que dans lit. *degù* et v.sl. *žegǫ* (avec une altération secondaire) ; cf. alb. *djek*. De même, lat. *palea* est apparenté à skr. *palāvaḥ* ; mais c'est seulement dans v.sl. *plĕva* (petit-russe *polóva*), v.pruss.

pelwo, lette *pelus*, etc., qu'on retrouve l'élément -*w*- du mot sanskrit.

La racine **teus*- se retrouve peut-être en germanique et en celtique (v. LIDÉN, *IF*, XIX, p. 335 et suiv.), mais on n'y aperçoit aucune correspondance aussi complète que celle entre v.prussien *tusnan* « still » et skr. *tuṣṇī́m*, zd *tušniš* ; entre pol. *po-tuszyć* et zd *taošayeiti* ; entre v.sl. *tŭštĭ* et skr. *tucchyáḥ* ; et il n'est pas jusqu'à v.pruss. *tussīse*-, de **tušḗ*-, qui ne soit la forme attendue en face de skr. *tušyáti*, comme l'a noté M. TRAUTMANN.

D'une manière générale, il y aurait des conséquences à tirer d'un examen géographique du vocabulaire indo-européen. M. KRETSCHMER, *Einleitung in die Gesch. d. gr. Spr.*, a donné des indications à cet égard. Le travail mériterait d'être repris systématiquement. Quelques exemples en font apercevoir l'intérêt.

Ainsi, de la racine **sneig^{w}h*- « neiger », il y a un nom radical athématique dans l'accusatif gr. νίφα (chez Hésiode), avec plusieurs dérivés homériques, dans lat. *nix*, *nivem* et dans gall. *nyf* ; et il y a une forme thématique dans v.sl. *sněgǔ*, lit. *sniẽgas*, v.pruss. *snaygis*, got. *snaiws* ; le présent correspondant est thématique dans zd *snaēzaiti*, lit. *sniẽga*, gr. νείφει, v. lat. *nīuit* (dans un vers de Pacuvius), v.h.a. *snīwit* ; il y a aussi un présent à nasale infixée : lit. *sninga*, lat. *ninguit*. On aperçoit ici un lien entre le germanique et le slave.

Ce n'est sans doute pas un hasard que l'« homme » soit désigné comme un « mortel » en sanskrit (*mártaḥ*, *mártyaḥ*), en iranien (zd *mašyō*, etc.), en arménien (*mard*) et en grec (μορτός, βροτός), tandis que l'idée de « terrestre » prévaut en lituanien (*žmuõ*), en germanique (got. *guma*, etc.), en celtique (irl. *duine*, v. PEDERSEN, *Vergl. Gramm. d. kelt. Spr.*, I, p. 89). Le grec marche ici avec les parlers orientaux, et le baltique avec les parlers occidentaux (cf. chap. I, p. 36).

Ce n'est sans doute pas non plus un hasard que le nom de la « citadelle », attesté en sanskrit (*pūḥ*, acc. sg. *púram*), en lituanien (*pilìs*) et en grec (πόλις, πτόλις), ne se rencontre pas ailleurs. Mais la simple absence d'un mot prouve peu. Toutefois les limitations de vocabulaire de ce genre ne manquent pas ; ainsi l'on ne trouve pas non plus la racine de skr. *argháḥ* « valeur, récompense », lit. *algà*, gr. ἀλφή hors de l'indo-iranien, du baltique et du grec.

Ailleurs, c'est l'indo-iranien, l'arménien et le grec qui concordent, ainsi pour skr. *járati* « il vieillit », arm. *cer* « vieux », gr. γέρων. Pour le nom du « nuage », skr. *megháḥ*, arm. *mēg* et gr. ὀμίχλή, v.sl. *mǐgla*, lit. *miglà*, on a quatre groupes à la fois, avec une répartition curieuse des formations.

Un type de répartition significatif est celui des noms de l'« agneau ». Il y en a deux. L'un ne se trouve qu'en indo-iranien, arménien et grec : skr. *úraṇaḥ*, pers. *barra,* arm. *garn*, gr. ϝαρήν. L'autre, gr. ἀμνός, lat. *agnus,* va jusqu'au slave : *agnĭcĭ, agnę,* en passant par le celtique et le germanique. La position moyenne du grec, où les éléments orientaux et occidentaux coexistent, est remarquable.

CONCLUSION

Les faits étudiés montrent que les principales lignes de démarcation passent entre dialectes occidentaux d'une part et orientaux de l'autre.

L'indo-iranien, le slave, le baltique, l'arménien (et l'albanais) forment le groupe oriental, où l'on observe plusieurs traits communs : traitement des gutturales embrassant des faits multiples, tendance au passage de *s* à *š* (et de *z* à *ž*) en certaines conditions, emploi des désinences en *bh* (ou en *m*) avec une valeur précise de nombre et de cas. Ces divers traits résultent presque certainement d'innovations et attestent par suite une communauté notable. Ceci ne veut pas dire que ce groupe dialectal était un, ni que ces phénomènes se sont propagés par imitation ; il s'agit d'innovations réalisées d'une manière indépendante, comme l'indique le détail des faits. Aussi constate-t-on que la confusion de *ă* et de *ŏ*, qui a lieu en indo-iranien, en albanais, en baltique et en slave, d'une part s'étend au germanique, et de l'autre n'a pas lieu en arménien ; la chute de *ə* intérieur a lieu dans tout le domaine oriental et de plus en germanique, mais le sanskrit y a échappé ; le traitement *-euye-* est iranien, slave et baltique, sans doute aussi germanique, mais le sanskrit et l'arménien présentent *-ewye-*, comme le grec, l'italique et le celtique. Les vocabulaires indo-iranien, baltique et slave concordent fréquemment. Les dialectes orientaux constituent donc un groupe naturel.

Il y a d'autre part un groupe, également naturel, de dialectes occidentaux : germanique, celtique et italique, qui présente des particularités communes très caractéristiques : traitement *-ss-* de *-tt-*, parfait souvent dénué de redoublement et constitution du prétérit à l'aide du parfait et de l'aoriste combinés, alternance de *-yo-* avec *-ĭ-* dans le suffixe du présent dérivé, rareté du type λόγος et emploi du suffixe *-tūt-*, concordances de vocabulaire. De plus, certaines particularités qui se retrouvent ailleurs sont communes à ces trois groupes : le traitement des gutturales (commun avec le grec), l'absence d'augment (commune avec le baltique et le slave), l'emploi de désinences en *-bh-* (ou en *-m-*) pour le datif, l'ablatif, le locatif et l'instrumental, la confusion des sourdes et des sourdes aspirées (avec le baltique, le slave, et en partie le grec).

Mais on a vu que l'une de ces trois langues, le germanique, concordait avec le groupe oriental à plusieurs points de vue ; on pourrait ajouter la forme de certains pronoms personnels, notamment de ceux signifiant « vous » et « nous » au pluriel et au duel. Et le germanique concorde en particulier avec le baltique et le slave pour les désinences en *-m-*, par contraste avec le *-bh-* des autres langues ; on notera aussi l'expression de « vingt, trente », et, par la juxtaposition de « deux, trois, etc. », et du mot « dizaine », au lieu des formes abrégées du type gr. ϝίκατι, εἴκοσι, lat. *uīgintī*, arm. *khsan* ; gr. τριάκοντα, lat. *trīgintā*, arm. *eresun*, etc.

En même temps, une autre de ces trois langues, l'italique présente avec le grec des coïncidences particulières : traitement sourd des sonores aspirées, génitif pluriel des thèmes en *-ā-* emprunté à la flexion des démonstratifs. Ce sont là des innovations importantes, et qui ne se retrouvent pas ailleurs, à date ancienne. Le grec et l'italique sont seuls, avec l'arménien préhistorique, à conserver le genre féminin dans les substantifs thèmes en *-o-*. Il y a peut-être aussi coïncidence en ce qui concerne l'emploi du ton dans les préverbes (v. *IF* XXI, p. 317) ; sur ce point, le grec diverge absolument d'avec le sanskrit, et l'on a ici la trace d'un fait syntaxique dialectal[1]. M. HIRT (*IF* XVII, p. 395-400)

---

[1] Cf. maintenant la remarque toute pareille de M. OLDENBERG sur le rapport entre les faits grecs et sanskrits, *ZDMG* LXI, p. 814.

s'est aussi efforcé de démontrer l'identité d'une partie des infinitifs grecs avec les infinitifs latins. En revanche, les concordances de vocabulaire sont négligeables ; elles sont peu nombreuses, et les mots particuliers que l'on rencontre, comme gr. ἅλλομαι et lat. *saliō*, n'ont rien de remarquable pour le sens.

Ceci n'empêche pas le grec de concorder à d'autres égards avec des langues du groupe oriental. Le passage de *s* à *h* se retrouve en arménien et en iranien. La voyelle développée devant les sonantes voyelles, et notamment devant la nasale, est de timbre *a*, comme en arménien et en indo-iranien. Il y a toujours prothèse d'une voyelle devant *r* initial ; seulement le grec ne met pas de voyelle devant ρ introduit à date récente (cas de *sr et de *wr notamment), tandis que l'arménien a continué d'ignorer *r* initial. L'emploi du suffixe *-*tero*- pour former des comparatifs secondaires ne se retrouve qu'en indo-iranien. L'augment est maintenu, comme en arménien et en indo-iranien. Le suffixe secondaire de présent a, comme en indo-iranien, la forme *-*ye/yo*-, ainsi que celui des verbes qui indiquent l'état. Le grec se rapproche donc à plusieurs points de vue de l'arménien et de l'indo-iranien. — Avec le baltique et le slave, il a en commun la confusion totale du génitif et de l'ablatif. Quelques particularités de vocabulaire sont communes au grec avec ces mêmes langues.

Le grec occupe donc une situation intermédiaire entre l'italique d'une part, et les langues orientales, l'arménien et l'indo-iranien, et plus spécialement l'iranien, de l'autre. Il est issu d'un groupe de parlers indo-européens où venaient se croiser beaucoup d'isoglosses.

Parmi les langues orientales, l'arménien, qui garde la distinction de *ă* et *ŏ* et de *ā* et *ō*, est relativement proche du groupe occidental. On a relevé d'autre part quelques coïncidences particulières entre l'arménien, le slave et le baltique, notamment pour les suffixes de présent *-$y^{e/o}$-

et *-ĭ- et pour le rôle du suffixe *-lo-. La communauté de la mutation consonantique avec le germanique serait un fait important ; mais on a vu qu'il n'est pas légitime d'en faire état.

La situation respective des dialectes indo-européens peut donc se traduire au moyen du schéma qui suit, en attribuant par anticipation aux parlers indo-européens les noms des langues historiquement attestées qui en sont la continuation :

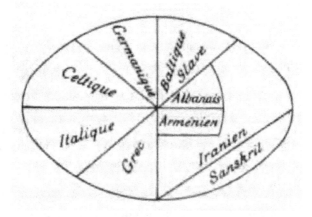

Ce schéma très grossier (où l'on n'a pas tenu compte des langues non attestées par des textes suivis de quelque étendue) ne prétend répondre à aucun fait historique défini ; il n'a qu'une valeur linguistique et indique ce que l'on peut supposer avoir été la situation respective des parlers indo-européens les uns par rapport aux autres, antérieurement à l'époque où chacune des langues, en s'établissant sur un territoire nouveau, s'est isolée et a cessé d'avoir avec ses anciennes voisines un développement commun. L'aire attribuée à chaque parler est tout à fait arbitraire : il est possible qu'une langue indo-européenne parlée au début de l'époque historique sur une aire très vaste repose sur un tout petit nombre de parlers indo-européens, et inversement. Les faits linguistiques étudiés ici ne conduisent qu'à des conclusions linguistiques, et le graphique qui traduit ces conclusions n'a de sens que pour le linguiste.

Toutefois une remarque semble s'imposer à la vue de cette figure. Les parlers indo-européens occupaient une aire où les innovations linguistiques avaient lieu d'une manière indépendante sur des domaines contigus, sans qu'il y eût nulle part une limite qui séparât entièrement certains groupes de certains autres. Et, quand la séparation s'est produite sans doute progressivement, c'est-à-dire quand des colons et des conquérants sont allés occuper des domaines nouveaux auxquels ils ont imposé leur langue, il n'y a pas eu de dislocation dans la disposition respective des langues, il y a eu rayonnement en partant du domaine primitivement occupé ; mais, lors de ce rayonnement, rien n'indique que les anciens parlers aient chevauché les uns sur les autres et interverti leurs places respectives.

Sans doute, on ignore et on n'a aucun moyen de déterminer si les langues du groupe oriental et celles du groupe occidental proviennent de parlers qui occupaient l'est et l'ouest du territoire indo-européen commun ; mais, sous le bénéfice de la réserve qui vient d'être faite, les parlers qui étaient contigus ont fourni des langues qui sont encore à l'époque historique sensiblement les plus pareilles les unes aux autres. On n'a pas la preuve qu'il se soit produit pour l'indo-européen ce qui a eu lieu par exemple pour le germanique, où les parlers gotiques, relativement proches des parlers scandinaves, s'en sont entièrement séparés, et se sont dispersés sur une aire très vaste ; si des faits de ce genre ont eu lieu, il en est résulté sans doute ce qui est arrivé au gotique : la langue dont les porteurs se sont ainsi dispersés a disparu sans laisser de traces au bout de peu de siècles ; et il n'y a rien là que de naturel : les populations les plus aventureuses et qui se laissent entraîner le plus loin de la masse des populations de même langue sont les plus exposées à être absorbées par d'autres peuples et à perdre leur propre idiome. — La dispersion des langues indo-européennes ressemble beaucoup à celle des langues slaves : il serait facile de marquer sur le domaine slave des lignes d'isoglosses pareilles à celles qu'on a tracées pour l'indo-européen, et il en résulterait, ce qu'on sait en effet, que les parlers slaves se sont étendus — quelques-uns comme le russe, d'une manière immense —, mais sans changer de position respective.

Une autre conclusion, plus importante au point de vue linguistique, c'est que l'indo-européen se composait, dès avant la séparation, de parlers déjà fortement diffé-renciés, et qu'on n'a pas le droit de traiter l'indo-euro-péen comme une langue une. Les particularités qui caractérisent chacun des grands groupes, slave, germa-nique, baltique, etc., sont en notable partie, la continu-ation de phénomènes qui ne sont pas indo-européens communs, mais qui sont de date indo-européenne. Et même certains groupes, comme l'indo-iranien et l'italo-celtique, renferment des représentants de parlers indo-européens distincts. La considération de ces distinctions dialectales, qui ne devrait jamais être perdue de vue, compliquera, mais précisera aussi l'étude de la gram-maire comparée des langues indo-européennes.

Bibliographie
chronologique complémentaire
(*sélection*)

Établie par X. DELAMARRE

1 - Ensemble du domaine

SCHMIDT, Johannes (1872), *Die Verwandtschaftverhältnisse der indogermanischen Sprachen*, Weimar.

PEDERSEN, Holger (1925), *Le groupement des dialectes indo-européens*, Copenhague.

BONFANTE, Giuliano (1931), *I dialetti indoeuropei*, Naples.

KROEBER, A. L. & CHRETIEN, C. D. (1937), « Quantitative Classification of Indo-European Languages », *Language* 13, 83-103.

PORZIG, Walter (1954), *Die Gliederung des indogermanischen Sprachgebiets*, Heidelberg, 2ᵉ éd. 1974.

BIRNBAUM H. & PUHVEL J. [edd.] (1966), *Ancient Indo-European Dialects*, Los Angeles.

TISCHLER, Johann (1973), *Glottochronologie und Lexikostatistik*. Institut fur Sprachwissenschaft der Universität Innsbruck.

HOENIGSWALD, HENRY M. (1973), « Indo-European *p* in Celtic and the claims for a relative chronology », *Journal of Indo-European Studies* 1, 324-329.

MEID, Wolfgang (1975), « Probleme der räumlichen und zeitlichen Gliederung des Indogermanischen », in : H. RIX (ed.), *Flexion und Wortbildung. Akten der V. Fachtagung der Indogermanischen Gesellschaft Regensburg, 9.-14. September 1973*. Wiesbaden, 204-219.

RIX, Helmut (1977), « Das keltische Verbalsystem auf dem Hintergrund des indo-iranisch-griechischen

Rekonstruktionsmodells », in : K. H. SCHMIDT & R. KODDERITZSCH (edd.), *Indogermanisch und Keltisch. Kolloquium der Indogermanischen Gesellschaft am 16. und 17. Februar 1976 in Bonn.* Wiesbaden, 132-158.

SCHLERATH, Bernfried (1981), « Ist ein Raum/Zeit-Modell für eine rekonstruierte Sprache möglich ? », *Zeitschrift für vergleichende Spachforschung* 95, 175-202.

DYEN, Isidore, KRUSKAL, Joseph B. & BLACK, Paul (1992), « An Indo-european Classification: A Lexico-statistical Experiment », *Transactions of the American Philosophical Society* 82, Part 5.

LEHMANN, Winfred P. (1997), « Frozen Residues and Relative Dating », in : *Varia on the Indo-European Past: Papers in Memory of Marija Gimbutas*, Miriam Robbins DEXTER & Edgar C. POLOMÉ (edd.), Washington D.C., Institute for the Study of Man, 223-246.

GARRETT, Andrew (1999), « A new model of Indo-European subgrouping and dispersal » in : CHIANG, LIAW, RUPPENHOFER (edd.), *Proceedings of the 25th Meeting of Berkeley Ling. Soc.*, Berkeley.

RINGE, Don, WARNOW, Tandy & TAYLOR, Ann (2002), « Indo-European and computational cladistics », *Transactions of the Philological Society* 100, 59-129.

REXOVÁ, Kateřina, FRYNTA, Daniel & ZRZAVÝ, Jan (2003), « Cladistic analysis of languages: Indo-European classification based on lexicostatistical data », *Cladistics* 19, 120-127.

GRAY, Russell & ATKINSON, Quentin (2003), « Language tree divergence times support the Anatolian theory of Indo-European origin », *Nature* 426, 435-439.

RINGE, Don (2017), « Indo-European Dialectology », in KLEIN, Jared, JOSEPH, Brian & FRITZ, Matthias (edd.).

Handbook of Comparative and Indo-European Linguistics, Berlin : De Gruyter, 62-75.

2 - Le vocabulaire du Nord-Ouest

OETTINGER, N. (1997), « Grunsätzliche Überlegungen zum Nordwest-Indogermanischen », *Incontri Linguistici* 20, 93-110.

3 - L'unité italo-celtique

COWGILL, W. (1970), « Italic and Celtic Superlatives and the Dialects of Indo-European », in : CARDONA, SENN & HOENIGSWALD (edd.), *Indo-European and Indo-europeans*, Univ. of Pennsylvania Press, 113-153.

WATKINS, Calvert (1966), « Italo-Celtic Revisited », in : BIRNBAUM & PUHVEL (edd.), 1966, 29-50.

KORTLAND, Frederik (1981), « More Evidence for Italo-Celtic », *Ériu* 32, 1-22.

WEISS, Michael (2013), « Italo-Celtica : Linguistic and Cultural Points of Contact between Italic and Celtic », in : *Proceedings of the 23rd Annual UCLA Indo-European Conference*. Hempen Verlag.

4 - L'unité balto-slave

SZEMERÉNYI, Oswald (1957), « The problem of Balto-Slav unity: a critical survey », *Kratylos* 2, 97-123.

POHL, Heinz-Dieter (1980), « Baltisch und Slavisch. Fiktion von der baltisch-slavischen Spracheinheit », *Klagenfurter Beiträge zur Sprachwissenschaft* 6, 58-101 et 7 (1981), 93-126.

EULER, Wolfram (2013), *Indogermanisch, Baltisch und baltische Sprachen*. Vienne : Praesens Verlag.

5 - L'unité gréco-arménienne

HÜBSCHMANN, Heinrich (1875), « Über die Stellung des Armenischen im Kreise der indogermanischen Sprachen », *KZ* 23, 5-49.

CLACKSON, James (1994), *The Linguistic Relationship between Armenian and Greek*. Oxford : Blackwell.

6 - La position du tokharien

POKORNY, Julius (1923), « Die Stellung des Tocharischen im Kreise der Indog. Sprachen », *Berichte des Forschungsinstitut für Osten und Orient* iii, 24-53.

BENVENISTE, Émile (1936), « Tokharien et Indo-Européen », in : Helmuth ARNTZ (ed.), *Germanen und Indogermanen. Volkstum, Sprache, Heimat, Kultur. Festschrift für Herman Hirt*. Heidelberg. Band 2, 229-240.

ADAMS, Douglas, Q. (1984), « The position of Tocharian among the other Indo-European Languages », *Journal of the American Oriental Society* 104/3, 395-402.

RINGE, Don (1991), « Evidence for the position of Tocharian in the Indo-European family? », *Die Sprache* 34, 59-123.

HAMP, Eric (1998), « Whose were the Tocharians? Linguistic subgrouping and diagnostic idiosyncrasy », in : Victor H. MAIR (ed.), *The Bronze Age and Early Iron Age peoples of Eastern Central Asia*. Vol. 1. *Archeology, migration and nomadism, linguistics*. JIES Monogr. n° 26, Washington, 307-346.

MALZAHN, Melanie (2016), « The second one to branch off? The Tocharian lexicon revisited », in : *Etymology and the Indo-European Lexicon. Proceedings of the 14th Fachtagung der Indogermanischen*

Gesellschaft, 17-22 September 2012, Copenhagen. Wiesbaden : Reichert Verlag, 281-292.

7 - L'indo-hittite

STURTEVANT, Edgard H. (1933), « Archaism in Hittite », *Language* 9, 1-11.

COWGILL, Warren (1974), « More Evidence for Indo-Hittite: The Tense-Aspect System », in : *Proceedings of the 11ᵗʰ International Conference of Linguistics,* Bologna 1974 (Il Mulino), Vol. II, 557-570.

MEID, Wolfgand (1979), « Der Archaismus des Hethitischen » in NEU & MEID (edd.), *Hethitisch und Indogermanisch.* Innsbruck : IBS, Band 25, 159-176.

RIEKEN, Elisabeth (2009, « Der Archaismus des Hethitischen – eine Bestands-aufnahme », *Incontri Linguistici* 32, 37-52.

OETTINGER, N. (2013), « Die Indo-Hittite-Hypothese aus heutiger Sicht », *Münchener Studien zur Sprachwissenschaft* 67/1, 149-176.

JASSANOFF, Jay (2017), « The impact of Hittite and Tocharian: Rethinking the Indo-European in the 20ᵗʰ century and beyond », in : KLEIN & alii (edd.), *Handbook of Comparative and Historical Indo-European Linguistics,* 220-238.

8 - Les laryngales

BEEKES, R.S.P. (1960), *The Development of the Proto-Indo-European Laryngeals in Greek,* The Hague-Paris : Mouton.

BEEKES, R.S.P. (1972), « H_2O », *Die Sprache* 18, 117-131.

PETERS, Martin (1980), *Untersuchungen zur Vertretung der indogermanischen Laryngale im Griechischen.* Wien : Österreicheische Akademie der Wissenschaften.

LUBOTSKY, Alexander (1981), « Gr. *pēgnumi*: Skt *pajrá-* and loss of laryngeals before mediae in Indo-Iranian », *MSS 40*, 133-139.

KORTLANDT, Frederik (1983), « Greek numerals and PIE glottalic consonants », *MSS* 42, 97-104.

LUBOTSKY, Alexander (1990), « La loi de Brugmann et **h₃e* », in : *La reconstruction des laryngales*. Liège-Paris : Bibliothèque de la Faculté de Philosophie et Lettres de l'Université de Liège, fascicule CCLIII, 129-136.

SCHRIJVER, Peter (1991), *The Reflexes of the Proto-Indo-European Laryngeals in Latin*. Amsterdam : Rodopi.

LINDEMANN, Fredrik Otto (1997), *Introduction to the 'Laryngeal Theory'*, Innsbruck : Innsbrucker Beiträge zur Sprachwissenschaft, Band 91.

MAYRHOFER, Manfred (2005), *Die Fortsetzung der indogermanischen Laryngale im Indo-Iranischen*. Wien : Verlag der österreichischen Akademie der Wissenschaften.

LUBOTSKY, Alexander (2012), « The Vedic Paradigm for 'Water' », in : Adam I. COOPER, Jeremy RAU & Michael WEISS (edd.), *Multi Nominis Grammaticus. Studies in Classical and Indo-European linguistics offered to Alan J. Nussbaum at the occasion of his sixty-fifth birthday*. Ann Arbor & New York : Beech Stave Press, 159-164.

ZAIR, Nicholas (2012), *The Reflexes of the Proto-Indo-European Laryngeals in Celtic*. Leiden & Boston : Brill.

GARNIER, Romain (2014), « Nouvelles considérations sur l'effet Kortlandt », *Glotta* 90, 140-160.

Table des matières

9 781985 729346